INCREDIBLE
CROSSWORD
WITH OVER 300 PUZZLES

Bath • New York • Cologne • Melbourne • Delhi
Hong Kong • Shenzhèn • Singapore

This edition published by Parragon Books Ltd in 2017 and distributed by

Parragon Inc.
440 Park Avenue South, 13th Floor
New York, NY 10016
www.parragon.com

ISBN 978-1-4748-7449-6

Printed in China

Across

1 Judgment (10)
7 Biochemical catalyst (6)
8 Luke Skywalker's mentor (4)
9 Rabbit pen (5)
11 Flying vehicle (5)
13 Allow to escape (3,2)
14 Sharp (5)
16 Medical torpor (4)
18 Moving (6)
20 Expert (10)

Down

2 Risky undertaking (7)
3 Place (3)
4 Reverent (4)
5 Extremely happy (7)
6 Kelly, Australian outlaw (3)
10 Related (7)
12 Indigenous inhabitants (7)
15 Cab (4)
17 Covert ones are black (3)
19 Phone number (abbr) (3)

Across

1 Inconsequential (11)
7 Tussock (4)
8 Renovate (6)
9 Supple (5)
10 Nerve type (5)
13 Specter (5)
15 Edible freshwater fish (5)
17 Clothes (6)
18 Operator (4)
19 Grammatical symbols (11)

Down

2 Provide with healthy food (7)
3 Equals (7)
4 Rows a boat (4)
5 Detached (5)
6 Theme (5)
11 Chase (7)
12 Before birth (2,5)
13 Seize (5)
14 A lot (5)
16 List of dishes (4)

Across

2 Aloof person (4,4)
5 Country (4)
6 Unwinding (8)
8 Adam's mate (3)
10 Face up to (8)
12 Woodwind instrument (8)
14 AOL, eg (inits) (3)
16 Work in a linked way (8)
18 Russia was once part of it (inits) (4)
19 Convince (8)

Down

1 Exultation (4)
2 Writable compact disc (2-1)
3 Ballroom dance (7)
4 Words with very similar meanings (8)
7 The self (3)
9 Extreme force (8)
10 Places where walls meet (7)
11 Religious woman (3)
13 And so on (abbr) (3)
15 Funerary pile (4)
17 Day after Mon (abbr) (3)

18

Across
1 Sums (4)
3 Place of worship (6)
8 Feeling great (2,1,4)
9 Charged atom (3)
10 Drugstores (10)
13 In advance (10)
17 Interest rate (inits) (3)
18 Visual identifiers (7)
19 Pester (6)
20 Makes cat sounds (4)

Down
1 Sea greeting (4)
2 Demise (5)
4 "What?" (3)
5 Healing-hands therapy (5)
6 Truthful (6)
7 Looking glass (6)
11 Not out (2,4)
12 Acquire (6)
14 Specialty (5)
15 Not a soul (2,3)
16 Wife of Osiris (4)
18 NBC sketch show (inits) (3)

Across
1 Radically (11)
6 Northern European sea (6)
7 Slimy garden pest (4)
8 Tint (3)
9 Cattle herder (6)
12 Repeated refusals (4)
13 Whisker (4)
14 Quite (6)
16 Nintendo console (inits) (3)
17 Pre-Euro Italian money (4)
18 Make tidy (6)
20 Preserving (11)

Down
1 Small amount (3)
2 Lit-up (5)
3 Fidgety (5)
4 Failure to attend (7)
5 Noisiest (7)
10 Simple wind instrument (7)
11 Negotiate (7)
14 Bamboo-eating animal (5)
15 As one, in music (5)
19 Hound (3)

Across

4 Desolates (10)
6 Semite (3)
7 Lightest element (8)
10 Sucrose (4,5)
11 Regularly date (2,6)
13 Winter bug (3)
14 Hostile (10)

Down

1 Hem (3)
2 Largest moon in the Solar System (8)
3 Edible root (4)
4 Effective (2,5)
5 Star (3)
8 Making more circular (8)
9 Emphasising adjective (7)
11 Wildebeest (3)
12 Become weary (4)
13 Soar (3)

21

Across
1 Replaced (11)
7 Miss something out (4,2)
8 Siamese (4)
9 Peer (5)
11 Outer part of bread (5)
13 Absurd (5)
14 Church council (5)
16 Cut (4)
18 Reverts to factory state (6)
20 Long, narrow paths (11)

Down
2 Not familiar (7)
3 Sample a liquid (3)
4 Hot on (4)
5 Completely (7)
6 Age (3)
10 Extents (7)
12 Soon (7)
15 Onboard prison (4)
17 Extinct kiwi relative (3)
19 Observed (3)

Across

1 Relating to the mail (6)
5 Celestial being (5)
7 Assistant (6)
9 Unwanted email (4)
11 LP speed (inits) (3)
13 Coronet (5)
14 Digression (5)
16 At once (3)
18 Understood (4)
21 Male or female (6)
23 First-class, informally (5)
24 Get comfy (6)

Down

1 Quibbler (6)
2 Maundy day (abbr) (3)
3 Put a ship out of use (3,2)
4 Simple aquatic plant (4)
6 Soldiers (abbr) (3)
8 Procession of people (6)
10 Determined the value of (6)
11 Oversaw (3)
12 Gaping animal jaws (3)
15 Develop (6)
17 Church keyboard (5)
19 Scruff (4)
20 Cooking vessel (3)
22 Numerals (abbr) (3)

Across

2 Italian dessert (8)
5 Internal spy (4)
6 Excessively sensitive (8)
8 Knowledge (3)
10 Parts (8)
12 Under cover (2,6)
14 Blind __ _ bat (2,1)
16 Makes better (8)
18 "In memoriam" article (4)
19 Strews (8)

Down

1 Berserk (4)
2 Ceylon, eg (3)
3 Communist (7)
4 Experimental subjects (8)
7 Fib (3)
9 Financial (8)
10 Disparage (5,2)
11 Rogue (3)
13 Barely get by (3)
15 To be shown to (abbr) (4)
17 "Emergency!" (inits) (3)

Across

1 Rhinal (5)
4 Drug recovery course (5)
7 Foment (7)
8 Computers (abbr) (3)
9 Via (2,5,2)
13 Planner (9)
17 Print resolution (inits) (3)
18 Joining (7)
20 Charred remains (5)
21 Feel wistful (5)

Down

1 Not far away (6)
2 Hit the slopes? (3)
3 Andean transport animal (5)
4 Coral ridges (5)
5 Sanguine (7)
6 Clobber (4)
10 Savior (7)
11 Born (3)
12 Fantasy beast (6)
14 Gaps in the ground (5)
15 Gloomy and drab (5)
16 Gist (4)
19 Once _ _ blue moon (2,1)

25

Across
1 Smack an insect (4)
4 Charts (4)
7 Sheep (3)
9 Rampages (5)
10 Mountain ash (5)
11 Christmas (4)
12 More than one (6)
14 Country (6)
16 Arrogant (4)
19 Juicy tropical fruit (5)
20 Typical chaotic mess (slang) (5)
21 Dandy (3)
22 Feudal slave (4)
23 Toy on a string (2-2)

Down
2 Entire (5)
3 Exam (4)
4 Just (6)
5 Strength (5)
6 Trademark (5,4)
8 Akin (9)
13 Flake out (3,3)
15 Taut (5)
17 Like a dry, grainlike foodstuff (5)
18 Kids' spotting game (1,3)

Across
1 Demolition (11)
6 Hoped (6)
7 Tiny bit (4)
8 Sixth sense (inits) (3)
9 Less experienced (6)
12 Reclined (4)
13 Belonging to the reader (4)
14 Amass (6)
16 Credit note (inits) (3)
17 Labyrinth (4)
18 Holy (6)
20 Occurring in several forms (11)

Down
1 Morning moisture (3)
2 Rolled rice dish (5)
3 Cow's mammary gland (5)
4 Three of a kind (7)
5 Exterior (7)
10 Guacamole ingredient (7)
11 Diversity (7)
14 Zest (5)
15 Stern (5)
19 Military service medal (inits) (3)

Across
1 Observed (7)
5 Ice house (5)
8 Fix software (5)
10 Viper (3)
11 Decorated (9)
12 Headroom (9)
13 Two (3)
14 Glorify (5)
17 Classical language (5)
18 Deleting (7)

Down
2 Fed (3)
3 A Pentium, eg (inits) (3)
4 Acquittal (9)
6 Cargo (4)
7 Foe (8)
8 Welsh national flower (8)
9 Rule of thumb (9)
12 Outdoor garment (4)
15 Greek letter "X"s (3)
16 Leonard, familiarly (3)

Across
1 Exasperates (4)
4 Fibrous (4)
7 Rises (3)
8 Yields (7)
10 Adhesive (6)
12 Faux pas (2-2)
13 Preconquest American (4)
15 Least wild (6)
19 Snob (7)
20 USCIS precursor (3)
21 Unable to hear (4)
22 A coarse metal file (4)

Down
2 Swiss grated potatoes dish (5)
3 Sudden impact (5)
4 Indian flatbread (4)
5 Cartoon canine (5)
6 Light from the sky (8)
9 Glaswegian, eg (8)
11 Spy agency (inits) (3)
12 Classic object-taking game (3)
14 Serious wrongdoing (5)
16 Player (5)
17 Heroic tales (5)
18 Repeated musical phrase (4)

Across

1 Way off (4)
4 Nut from an oak tree (5)
8 Science masters degree (abbr) (3)
9 Official decree (5)
11 Presuppositions (11)
13 Test (11)
15 Dog rope (5)
18 Sick (3)
19 Sacred song (5)
20 Job (4)

Down

2 Pendulous ornamental shrub (7)
3 Fish eggs (3)
5 Propellant gas (inits) (3)
6 Cuts (5)
7 Youth hostel (inits) (4)
10 Relies (7)
12 Roots (7)
13 Supply (5)
14 Egyptian river (4)
16 Lessons for immigrants, perhaps (inits) (3)
17 Strike (3)

Across

4 Parsing incorrectly (10)
6 Ewe's call (3)
7 Insulted (8)
10 Irish prime minister (9)
11 Persuade (8)
13 Yahoo competitor (inits) (3)
14 Coverall (10)

Down

1 Ministroke (inits) (3)
2 Street art (8)
3 Japanese noodles (4)
4 Conductor (7)
5 Deity (3)
8 Bodily exertion (8)
9 Fatigue (7)
11 Taxi (3)
12 Battery unit (4)
13 Blend (3)

Across

1 Amazing (10)
7 Casual top (1-5)
8 Muslim leader (4)
9 Goddess of love (5)
11 Thieve (5)
13 Examine (5)
14 Parody (5)
16 Aspersion (4)
18 Thing (6)
20 Biased information (10)

Down

2 Just beginning to exist (7)
3 Eire (inits) (3)
4 Companion (4)
5 Accumulated (5-2)
6 *Evita* heroine (3)
10 Experience (7)
12 Ended prematurely (7)
15 Sonic the Hedgehog company (4)
17 Chop (3)
19 "Not yet public" (inits) (3)

Across

1 Someone who spreads frightening rumors (11)
7 Naked (6)
8 Bites sharply (4)
9 Formerly (archaic) (4)
10 Child's glove without fingers (6)
13 Black magic (6)
16 Public disturbance (4)
17 Inform (4)
18 Uncle's or aunt's child (6)
19 Dissenting (11)

Down

2 Play with vigor (3,4)
3 Connected (7)
4 PC phone interface (5)
5 Fault (5)
6 Amber, eg (5)
11 Torment (7)
12 Strong feeling (7)
13 Elected (5)
14 Gawks at (5)
15 Academy award (5)

Across

1 Halt (4)
4 Headland (4)
7 Mineral (3)
9 Fault (5)
10 Ones (5)
11 Bends politely (4)
12 Very poor person (6)
14 Plea (6)
16 Collateral property (4)
19 Slow, lazy speech (5)
20 Talisman (5)
21 Not in (3)
22 Required for walking (4)
23 Move through water (4)

Down

2 Chucked (5)
3 Opening on the skin (4)
4 Pertaining to a nerve (6)
5 Economize (5)
6 Computer input devices (9)
8 The study of space (9)
13 Poll (6)
15 Position (5)
17 Baghdad resident (5)
18 Deeds (4)

Across
1 Made possible (7)
5 Frosting (5)
8 Italian mother (5)
10 "Golden ratio" letter (3)
11 Workings (9)
12 Forces (9)
13 Hill (3)
14 Glossy fabric (5)
17 Ape (5)
18 Moped (7)

Down
2 Gun lobby group (inits) (3)
3 Pace (inits) (3)
4 Sends away (9)
6 Sprites (4)
7 Happenings (6-2)
8 Impetus (8)
9 Professors (9)
12 Formal high-school dance (4)
15 Fuss (3)
16 Eisenhower (3)

Across

1 Infringement (9)
8 Foggy (5)
9 Skilled (5)
10 Those shunned by society (6)
12 Wooden shoe (4)
14 Grassed earth (4)
15 Mix of red and blue (6)
17 Evade (5)
18 Give out (5)
20 Worn out (9)

Down

2 Maybes (3)
3 Strata (6)
4 Maybe: "___ depends" (4)
5 Coincide (7)
6 Volume (9)
7 Overwhelmed (9)
11 Contradiction (7)
13 Obligations (6)
16 Greek letter "z" (4)
19 Prosecute (3)

Across

1 ETs' crafts (abbr) (4)
4 Bean curd (4)
7 Lennon's Yoko (3)
8 Magnify (7)
10 Hasty (6)
12 Sweetheart (4)
13 Feathers (4)
15 Spain and Portugal (6)
19 Inspects again (7)
20 Pastry dish (3)
21 Book ID (inits) (4)
22 Zero (4)

Down

2 Runs (5)
3 Stockholm resident (5)
4 Angle (4)
5 Might (5)
6 Passage (8)
9 Teaches (8)
11 Female fowl (3)
12 Adieu (3)
14 Toils (5)
16 Buffalo (5)
17 Come to maturity (5)
18 Sunrise (4)

Across
1 About (5)
4 Remaining (4)
6 Hot molten rock (4)
8 Emerged (6)
9 Transgress (3)
10 Canon SLR camera system (inits) (3)
11 Intolerance (7)
14 Miserable (7)
18 Heated bath (3)
19 Genetic material (inits) (3)
20 Pressure (6)
22 Old "you" (4)
23 At this place (4)
24 Fashion (5)

Down
1 French castle (7)
2 Precipitates (5)
3 Beer (3)
4 Cowboy's rope (5)
5 More powdery (5)
7 Against (4)
11 Motor-power unit (inits) (3)
12 Bloke (3)
13 Longed for (7)
15 Gentle push (5)
16 Ornamental quartz (5)
17 Cuban coin (4)
18 Declare (5)
21 Disapproving sound (3)

Across

1 Silent-movie successor (6)
4 Nip with a beak (4)
6 Baby (6)
7 Geek (4)
8 More quickly (6)
11 Swedish pop phenomenon (4)
12 Freshwater, ray-finned fish (4)
13 Goodbyes (6)
16 Silvery white metal (4)
17 String-shaped piece of pasta (6)
18 Bullets (4)
19 Extent (6)

Down

1 One who steals (5)
2 Raises (5)
3 Amused (11)
4 Indian language (7)
5 Reindeer (7)
9 Lack of faith (7)
10 Smoker's vice (7)
14 Senior (5)
15 Spectacle (5)

Across

1 Old pieces of cloth (4)
3 Clothing fastener (6)
8 Bluster (7)
9 GMT (inits) (3)
10 Inapt (10)
13 Joining (10)
17 Stray (3)
18 Inventor (7)
19 Music system (6)
20 Queries (4)

Down

1 Chafes (4)
2 Wheat, eg (5)
4 ET's ship (inits) (3)
5 Hitchhiking gesture (5)
6 Notched (6)
7 Ripe (6)
11 Names (6)
12 Admission (6)
14 Doctor's assistant (5)
15 Short letters (5)
16 Greek god of love (4)
18 Prompt (3)

Across

1 Charge with misconduct (7)
5 Chose (5)
8 *The Metamorphosis* author (5)
10 Fabled bird (3)
11 Remiss (9)
12 Roof apartment (9)
13 Seventeenth Greek letter (3)
14 Two cubed (5)
17 Large sea (5)
18 Crooks (7)

Down

2 Wharton degree (inits) (3)
3 Cartoon cry (3)
4 Equine footwear (9)
6 Small filled pie (4)
7 Take note of (8)
8 Qantas emblem (8)
9 Celestial conjunction (9)
12 Vaulting rod (4)
15 Rage (3)
16 Gardening tool (3)

Across

1 Temperament (9)
7 Opposite of white (5)
8 Window material (5)
9 Ribcage muscles (3)
10 Plus (3)
11 Cuddly toy (abbr) (3)
12 Paper-folding art (7)
14 Swimmer's flipper (3)
15 Single unit (3)
17 Takes too much (abbr) (3)
18 Hurt (5)
19 Erodes (5)
20 Depiction (9)

Down

1 Venomous snake (5)
2 Command to forsake a vessel (7,4)
3 It neutralizes an acid (6)
4 Garments (4)
5 Opposing social reform (11)
6 Not new (4)
13 Reply (6)
14 Scary feeling (4)
16 Art stand (5)
17 Baltic Sea river (4)

Across

3 Discharge slowly (5)
6 In writing (2,5)
7 Accounts inspection (5)
8 Hauls (5)
9 Assent (3)
11 Diminutive person (5)
13 Takes a break (5)
15 Drunkard (3)
18 English white cliffs locale (5)
19 Thrust (5)
20 Child's play container (7)
21 Slumbered (5)

Down

1 Back to back (2,1,3)
2 Risks (7)
3 Pencil remover (6)
4 Untie (4)
5 Feeds (4)
10 Additional helpings (7)
12 Large wood (6)
14 Essay (6)
16 Common ornamental trees (4)
17 Poker stake (4)

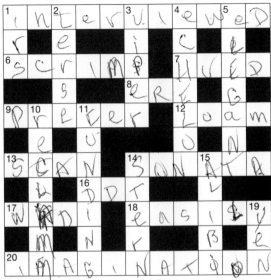

Across

1 Questioned (11)
6 Be thrifty (6)
7 Colored (4)
8 Poetic "before" (3)
9 Choose (6)
12 Soil of sand, silt, and clay (4)
13 Sweep the eyes over (4)
14 Set of musical movements (6)
16 Banned insecticide (inits) (3)
17 Dry ravine (4)
18 Without difficulty (6)
20 Creativity (11)

Down

1 Federal tax agency (inits) (3)
2 Curt (5)
3 Small, poisonous snake (5)
4 Command level (7)
5 Chic (7)
10 Retrieve (7)
11 Financial support (7)
14 Harsh (5)
15 Corroboration (5)
19 Longing (3)

Across

1 Influences unfairly (11)
7 Pester (6)
8 Wheel shaft (4)
9 Sixth month (4)
10 Preferred shares (6)
13 A, B, or C (6)
16 Extra (4)
17 Object word (4)
18 Sight (6)
19 Claims of virtuousness while doing otherwise (11)

Down

2 Generally speaking (2,1,4)
3 Examine (7)
4 Drug addicts (5)
5 Poisonous (5)
6 Expels large quantities of (5)
11 Chemical diffusion process (7)
12 Bar-based singing activity (7)
13 Midday meal (5)
14 Outdo (5)
15 Large stream (5)

Across

1 Inflatable hose inside a tyre (5,4)
8 Mediterranean island (5)
9 Measured (5)
10 Nun (6)
12 Kind (4)
14 Famous painting, ___ *Lisa* (4)
15 Movie-set electrician (6)
17 Sibling's daughter (5)
18 Witchcraft (5)
20 Type of lapdog (9)

Down

2 Zero (3)
3 Rubbed out (6)
4 Throw (4)
5 "Go away!" (4,3)
6 Diversion (9)
7 Opinion piece (9)
11 Earnest (7)
13 Small, elongated insect (6)
16 Fresh-food shop (4)
19 They replaced LPs (abbr) (3)

Across
1 Lack of straightforwardness (11)
7 Surrender (4,2)
8 As far as (2,2)
9 In front (5)
11 Letter after eta (5)
13 Rime (5)
14 Chinese or Thai, eg (5)
16 Scent (4)
18 Usual (6)
20 Without awareness (11)

Down
2 Not the one nor the other (7)
3 Freeze (3)
4 Spot (4)
5 Contacts (7)
6 Tenth month (abbr) (3)
10 Undistinguished person (4-3)
12 Painful effort (7)
15 Be sure of (4)
17 Lair (3)
19 *Hellboy* actor, Perlman (3)

Across
1 Powerful (6)
5 Crest (5)
7 Underlying motive (6)
9 Dutch cheese (4)
11 Alfred, to his friends (3)
13 Take forcefully (5)
14 Tests (5)
16 Mole (3)
18 Mail (4)
21 Basically; plainly (6)
23 Artist's protective wear (5)
24 Frothy (6)

Down
1 Silhouette (6)
2 Have (3)
3 Holy chalice (5)
4 Very large; huge (4)
6 Female roe (3)
8 Fireplace remainders (6)
10 Prepare, as in plans (4,2)
11 Some email symbols (3)
12 Unworldly (3)
15 In a lively way (6)
17 Annoying (5)
19 Depose (4)
20 Also (3)
22 "Give __ _ kiss" (2,1)

Across

1 Drop away (4,3)
5 High-___ safety jacket (3)
7 Fetch (3)
8 Merit (7)
9 Least seen (6)
10 Gentle (4)
12 Nasty person (4)
14 Spectator (6)
17 Short spiral pasta (7)
18 English rapper (inits) (3)
19 Trap (3)
20 Buddies (7)

Down

1 Ridiculous person (6,2,3)
2 Afterwards (5)
3 Earliest (6)
4 Quick (4)
5 Sixth zodiac sign (5)
6 A wish for a good night's sleep (5,6)
11 Two-piece swimwear (6)
13 Start again (5)
15 Lady (5)
16 Stave identifier (4)

Across

2 Diverse (8)
5 Sea-based armed service (4)
6 Guess (8)
8 Query (3)
10 Impartial (8)
12 Active; busy (8)
14 GMT-5, in the summer (inits) (3)
16 Appeals (8)
18 Twelve months (4)
19 Remote (8)

Down

1 Former Indian coin (4)
2 Ogle (3)
3 Order (7)
4 Ultimately (2,3,3)
7 Male child (3)
9 Follows (8)
10 Abnormal (7)
11 Health scale (inits) (3)
13 Phone-system number (abbr) (3)
15 Sailors (4)
17 Former Pink Floyd member, Barrett (3)

Across

7 Crawl (5)
8 Cays (5)
9 Relating to parody (7)
10 Not me, but ___ (3)
11 Dull paint finish (5)
13 Crack (5)
15 Sergeant, eg (inits) (3)
17 Separation (7)
20 Developed (5)
21 Avoids work (5)

Down

1 Freezes over (4)
2 Group of six (6)
3 Goad (4)
4 Fish sign (6)
5 Kill (4)
6 Confirm (6)
11 Handle (6)
12 Chore (6)
14 Animated (6)
16 Musical instrument (4)
18 Foremost (4)
19 Without (4)

Across

3 Later (5)
6 In small steps (7)
7 Map book (5)
8 Biblical father of Joseph (5)
9 Z4 maker (inits) (3)
11 Letter-finishing stroke (5)
13 Antarctic Pole (5)
15 Rotating mechanism (3)
18 Informer (5)
19 Static (5)
20 Commanded (7)
21 Bread maker (5)

Down

1 Secret (6)
2 Inane (7)
3 Sirens (6)
4 Story (4)
5 Valentine flower (4)
10 Injured (7)
12 Cause; reason (6)
14 Exchanges (6)
16 Appendage (4)
17 School table (4)

Across
1 Wry (6)
6 Light (4)
7 Spanish painter, Joan (4)
8 Camaraderie (11)
10 Haughty (5-6)
13 Layer (4)
15 Smallest component (4)
16 Take charge of a movie (6)

Down
1 Grecian column style (5)
2 Resistance unit (3)
3 Organized (11)
4 Assumed name (5)
5 Conceive (7)
9 Exclusions (3-4)
11 Companies (5)
12 Distrust (5)
14 Cereal grass (3)

53

Across
1 Handled; ___ with (5)
4 Pale, sandy color (5)
7 Kettledrums (7)
8 Duster, eg (3)
9 Sparkling wine (9)
13 Citation (9)
17 Japanese carp (3)
18 Tummy (7)
20 Urge (5)
21 Keen (5)

Down
1 Remove (6)
2 Cashpoint (inits) (3)
3 Vagrant (5)
4 Go and fetch (5)
5 Jewish-state resident (7)
6 Dipped in yolk (4)
10 Obtain (7)
11 Skill (3)
12 Dropped when in port (6)
14 Fertile desert areas (5)
15 Positive electrode (5)
16 Omit (4)
19 The eighth month (abbr) (3)

Across

1 Data point (4)
4 Large, round container (4)
7 Half of *dos* (3)
9 Debts (5)
10 Unnerve: ___ out (5)
11 Edge; verge (4)
12 Noble (6)
14 Instant (6)
16 Away without permission (inits) (4)
19 Opening (5)
20 Hungarian composer (5)
21 Fur scarf (3)
22 Indian butter (4)
23 Three feet (4)

Down

2 Rips (5)
3 Long, pointed tooth (4)
4 Apes (6)
5 Decision-making power (3-2)
6 Extortion (9)
8 Easter-egg foodstuff (9)
13 Dress in vestments (6)
15 Be equal (5)
17 Smarter (5)
18 Drama (4)

Across

1 Pretrial decisions panel (5,4)
7 Highways (5)
8 Wit (5)
10 TV Doctor (4)
11 Small bird of prey (6)
14 Free from an obligation (6)
15 Soft, French cheese (4)
17 One-way electronic component (5)
19 Group of soldiers (5)
20 Gauging (9)

Down

2 Come to understand (7)
3 Used for smelling (4)
4 Wild dog (6)
5 Sleep phase (inits) (3)
6 Die suddenly (4,4)
9 Scorn (8)
12 Animated drawing (7)
13 Sales deliveries (6)
16 Mix (4)
18 Poem (3)

Across
3 Lies in wait (5)
6 Odd (7)
7 Terrific (5)
8 Secret lover (5)
9 Stop (3)
11 Discussion place (5)
13 Sketches (5)
15 Preparation for Google? (inits) (3)
18 Take by force (5)
19 Not tails (5)
20 Old (7)
21 Evergreen trees (5)

Down
1 Musical speed reversion (1,5)
2 Mindless (7)
3 Myth (6)
4 Mother of Zeus (4)
5 Fill up (4)
10 Puts on clothes (7)
12 Muddles (6)
14 Gingerly (6)
16 Vessel (4)
17 Mown grass (4)

Across

1 Temptress (5,6)
6 Extreme experience (6)
7 Alternative to Windows (4)
8 *James Bond* distributor (inits) (3)
9 Tongues of fire (6)
12 Sulk (4)
13 Soon (4)
14 Hymn (6)
16 Lodge (3)
17 Peaceful (4)
18 Smoothed some shirts, perhaps (6)
20 Ending (11)

Down

1 Addressee indication (inits) (3)
2 Greek sorceress (5)
3 Movies (5)
4 Brass instrument (7)
5 Relaxation (7)
10 Ancestry (7)
11 Least amount possible (7)
14 Charged atom or molecule (5)
15 Delhi language (5)
19 Shoveled (3)

Across
1 Occupies (6)
4 Music boosters (4)
8 Meadow (3)
9 Striking (7)
10 Trickery (5)
11 Myanmar (5)
13 Municipalities (5)
15 Suitably (5)
17 Pasta envelopes (7)
19 Help (3)
20 Wish (4)
21 Prehistoric animal remains (6)

Down
1 Beneath (5)
2 Lacking depth (7)
3 Belief system (5)
5 Me, in French (3)
6 Greek letter after rho (5)
7 Butt (4)
12 Codes of ceremonies (7)
13 Burning stick (5)
14 Cache (4)
15 Compadre (5)
16 Warble (5)
18 Bigwig (inits) (3)

Across
1 Compliance (10)
5 Quilt (5)
7 Express gratitude (5)
9 Considered (6)
10 Covet (4)
12 Cassette (4)
13 Small racing vehicle (2-4)
16 Dull work (5)
17 Doctrine (5)
18 Perspective (10)

Down
1 Summed (5)
2 Kind of (6)
3 Vocal range (4)
4 Group of linked convicts (5,4)
6 Vantage position (9)
8 It follows jay (3)
11 Delay (4-2)
12 Hard pull (3)
14 Broiled bread (5)
15 Biblical paradise (4)

Across

2 Trudge (4)
4 Picturesque (6)
6 Cease moving (4)
8 Demeanor (4)
10 PC competitor (3)
11 Bangladeshi language (7)
13 Betrothed (7)
16 Heavy weight (3)
17 Absence of light (4)
18 Impact sound (4)
20 Security (6)
21 Shine (4)

Down

1 VIP (5)
2 Chum (3)
3 Radio show presenter (4,6)
4 Pretending to be (10)
5 Large gulp (4)
7 Over-revelation? (inits) (3)
9 Used in fluorescent lamps (4)
12 Made things up (4)
13 Tolkien forest giant (3)
14 Helps (4)
15 Unfashionable (5)
19 Cut (3)

Across

1 Subway (5)
4 Ill (4)
6 Fluid-filled skin sac (4)
8 Go to bed (6)
9 Rower (3)
10 NCO rank (abbr) (3)
11 Lap (7)
14 End result (7)
18 French "Luke" (3)
19 Wonder (3)
20 Solitary (6)
22 Home Internet connection (inits) (4)
23 Transitory employee (4)
24 Terminates (5)

Down

1 Northwest African country (7)
2 Sum up (5)
3 Input text scan (inits) (3)
4 Showing no emotion (5)
5 Welsh breed of dog (5)
7 Himalayan monster (4)
11 Company boss (inits) (3)
12 Bemoan (3)
13 Entry documents (7)
15 Practice (5)
16 Low-cost (5)
17 Green, carpeting plant (4)
18 Lawful (5)
21 Form (3)

Across

1 Aid a crime (4)
4 Pretentious (4)
7 Deceased singer, Winehouse (3)
8 Repeating (7)
10 Instructed (6)
12 Sad (4)
13 Log-constructed boat (4)
15 Curses (6)
19 Deprives of food (7)
20 Yin and yang philosophy (3)
21 Burn (4)
22 Merit (4)

Down

2 Marshy lake or river outlet (5)
3 Molars, eg (5)
4 Pain (4)
5 Test (5)
6 Takes (8)
9 Competitive TV program (4,4)
11 Strip (3)
12 "I didn't know that!" (3)
14 Brief, bright light (5)
16 Rubbish (5)
17 Michaelmas daisy (5)
18 Above (4)

Across

1 Roman moon goddess (5)
4 Half a Benjamin? (5)
7 16th-century German portraitist (7)
8 Male cat (3)
9 Separating (9)
13 Comparable previous incident (9)
17 Wide street (abbr) (3)
18 Math equations (7)
20 Overlaid map enlargement (5)
21 Trench (5)

Down

1 Mexican national flower (6)
2 Everyone (3)
3 Concert venue (5)
4 Truffles, eg (5)
5 Extreme tiredness (7)
6 Edible roots (4)
10 Persecute (7)
11 Facial spasm (3)
12 Join (6)
14 Strict; meticulous (5)
15 Inched (5)
16 Hindu dress (4)
19 Small part (3)

Across
1 Office colleagues (9)
8 Bold (5)
9 Carved gemstone (5)
10 Sampled (6)
12 Wicked (4)
14 Snare (4)
15 Fine-bladed cutting tool (6)
17 Allium (5)
18 Jumped into water (5)
20 Hobbies (9)

Down
2 Cereal plant (3)
3 Breathing gas (6)
4 Hit with your foot (4)
5 Withdraws (7)
6 Disturbance (9)
7 Globally (9)
11 Transport stopping place (7)
13 Violin (6)
16 Years ago (4)
19 Dog medic (3)

Across

1 Printed work (11)
7 Thai money (4)
8 Nairobi resident? (6)
9 Wed (5)
10 Key (5)
13 Makes watertight (5)
15 Insolent (5)
17 Smoothly, in music (6)
18 Comparison connector (4)
19 Ascertaining (11)

Down

2 Ignorant (7)
3 To the side (7)
4 Pepsi rival (4)
5 Rustic paradise (5)
6 Group of nine people (5)
11 Strong blue cheese (7)
12 Justify (7)
13 Raw vegetable dish (5)
14 Anxiety (5)
16 Froth (4)

Across

1 Birds hunted for food (4)
3 Elude (6)
8 Underwater eye protection (7)
9 Gear (3)
10 Switching-on (10)
13 Interprets (10)
17 Privacy contract (inits) (3)
18 Disrobe (7)
19 Fairly (6)
20 Nays' opposites (4)

Down

1 Crazy (4)
2 Conjuring (5)
4 Sibling (3)
5 Digital letter code (inits) (5)
6 Motor (6)
7 Coalition forces (6)
11 Prizes (6)
12 Immediately (2,4)
14 Stupefy (5)
15 Foe (5)
16 Employs (4)
18 Web address (inits) (3)

Across

1 Airs (5)
4 Very infrequent (4)
6 Central points (4)
8 Logic (6)
9 Army bed (3)
10 Crank (3)
11 Computer display (7)
14 Porch (7)
18 Formatted text file-type (inits) (3)
19 Stain (3)
20 Taken without permission (6)
22 Small, jumping insect (4)
23 Single entity (4)
24 Weary and impatient (5)

Down

1 Long, tapering, edible root (7)
2 Begin (5)
3 Major California airport (inits) (3)
4 Movie actress, Christina (5)
5 Proportion (5)
7 Aware of (4)
11 Body-scan technique (inits) (3)
12 A charity, eg (inits) (3)
13 Polished (7)
15 Relating to the past (5)
16 Larceny (5)
17 A legal action (4)
18 Chief (5)
21 Label (3)

Across

1 Christmas month (abbr) (3)
3 Jabber (6)
7 TV-industry award (4)
8 Entertains (6)
9 Pleasing in appearance (9)
11 Rave music, perhaps (4,5)
12 Nailed (6)
14 Land measure (4)
16 Calm and dignified (6)
17 Advanced teaching degree (2,1)

Down

1 Not bright (3)
2 Puzzling (7)
4 Weapon (3)
5 Root (5)
6 Not here (9)
7 Appraises (9)
8 Fixed (7)
10 Seclude (7)
11 Curved (5)
13 Founded (abbr) (3)
15 Former worker (abbr) (3)

Across

1 Wistful thoughts (9)
7 Troop (5)
8 Confine (5)
9 Fairy (3)
10 Variation of reggae (3)
11 Utmost, with "degree" (3)
12 Famous conductors (7)
14 Lens-based metering system (inits) (3)
15 View (3)
17 Fuzz (3)
18 Artificial waterway (5)
19 Auguries (5)
20 Downcast (9)

Down

1 Titles (5)
2 Aerodynamic (11)
3 Cling (6)
4 18-hole game (4)
5 Metes out (11)
6 Urge (4)
13 King's chair (6)
14 Push a shirt inside pants, eg (4)
16 Abated (5)
17 Dolphin trick (4)

Across
1 Moving image screen (10)
5 Stays in a tent (5)
7 Those who get things done (5)
9 Offer (6)
10 Exchange (4)
12 Butting animal (4)
13 Alludes (6)
16 Damp (5)
17 Punctuation mark (5)
18 Generally speaking (2,3,5)

Down
1 Implied (5)
2 Ship (6)
3 Edge (4)
4 Engulf (9)
6 Outlook (9)
8 Equinox month (abbr) (3)
11 Erasable writing tool (6)
12 Jewel (3)
14 Climb (5)
15 Stupefy (4)

Across

1 Deliver (4,3)
5 The human foot (3)
7 Movie clip (3)
8 Heated dispute (7)
9 Remain (4)
10 Make up for (6)
13 Some person (6)
14 Pimple (4)
16 Enhance (7)
18 Repeatedly (3)
19 Small lump (3)
20 Movements of air in the lungs (7)

Down

1 Utterly destroying (11)
2 Wife (slang) (3,4)
3 Belonging to us (4)
4 Downy (6)
5 Legume seed (3)
6 Changes one thing for another (11)
11 Backing (7)
12 Bury (6)
15 Nothing more (4)
17 Computer circuit board (inits) (3)

Across
1 Sting (5)
4 Unsightly (4)
6 Tiller (4)
8 Metal used in wires (6)
9 Block (3)
10 Persian Gulf state (inits) (3)
11 Etch (7)
14 Eventually (2,3,2)
18 Disco (3)
19 She (3)
20 Reason out (6)
22 Credit-card provider (4)
23 Nap (4)
24 Conduits (5)

Down
1 Give in (7)
2 iPhone maker (5)
3 Not just any (3)
4 Shadow (5)
5 Poetic (5)
7 George Orwell's real name (4)
11 Glum (3)
12 Sunbeam (3)
13 Occurs (7)
15 "Yippee!" (5)
16 Cheek (5)
17 Offers a price at an auction (4)
18 Advertising text (5)
21 Dine (3)

Across
3 Upper-case letters (4)
5 Chocolate powder (5)
6 Jane Austen novel (4)
8 Gull relative (4)
10 Brazilian port (3)
11 Cupola (4)
13 Walks softly (4)
15 Owns (3)
17 Climbing vine (3)
19 Pleasing (4)
21 Toy jumping stick (4)
22 If you wouldn't mind (abbr) (3)
23 Dog bark (4)
25 Cougar (4)
26 Muslim body covering (5)
27 Yoga expert (4)

Down
1 Burn (6)
2 Thespians (6)
3 Feline (3)
4 Mails (5)
7 Japanese PM (3)
9 Government emissions watchdog (inits) (3)
12 *Punk'd* channel (inits) (3)
13 Letter following chi (3)
14 Expire (3)
16 Earlier (3)
17 Polluted (6)
18 Sycophant (3-3)
19 Not any chance (2,3)
20 Dove sound (3)
21 Small fruit seed (3)
24 "The Feds" (inits) (3)

Across
1 Scene (9)
7 Sped (5)
8 Pry (5)
10 Vomit (4)
11 Smart (6)
14 Temporary apprentice (6)
15 Happy (4)
17 Pious (5)
19 Animal appendages (5)
20 Reschedule (9)

Down
2 Extremely old (7)
3 Ineffectual people (4)
4 Fortress (6)
5 Expert (3)
6 Smashing (8)
9 Heaven (8)
12 Apprizing (7)
13 Supplication (6)
16 Italian volcano (4)
18 Owing (3)

Across

1 Large retail outlets (7)
5 Disentangle (5)
8 Tablet pens (5)
10 *The Tonight Show* network (inits) (3)
11 Immediately (9)
12 Publicize (9)
13 Swine (3)
14 Let (5)
17 Order of architecture (5)
18 All together (2,5)

Down

2 Came across (3)
3 Grease (3)
4 Naked (2,7)
6 Cereal tiger (4)
7 "Sorry" (6,2)
8 Exchanged (8)
9 Beforehand (2,7)
12 Seaweed jelly (4)
15 Scheduled arrival (inits) (3)
16 Canonized people (abbr) (3)

Across

3 Typist's rate (inits) (3)
6 Jewish scholar (5)
7 Angry (5)
8 Atomic scientists, eg (10)
14 Solo (5)
15 Discussed (10)
21 Kitchen frothing device (5)
22 Swedish currency unit (5)
23 Utter (3)

Down

1 Support (4)
2 Expertly (4)
3 Wireless internet (2-2)
4 Noon, in French (4)
5 Verruca (4)
9 You, eg (5)
10 Jargon (5)
11 Zagreb native (5)
12 Inscribed column (5)
13 Agitate (5)
16 Way out (4)
17 "Mighty" trees (4)
18 Dark (4)
19 Implement (4)
20 Cart for delivering heavy loads (4)

Across

1 Safe (6)
4 Government adviser (4)
8 Water vessel (3)
9 Figures (7)
10 Eats (5)
11 Funeral poem (5)
13 Way in (5)
15 Stratum (5)
17 Retaliation (7)
19 Frigid (3)
20 Long, rambling story (4)
21 Tooth covering (6)

Down

1 Pack full (5)
2 Approval (7)
3 Splits (5)
5 Final letter (3)
6 Hazardous (5)
7 Captain Hook's right-hand man (4)
12 Heaven, to Ancient Greeks (7)
13 Premature (5)
14 Pull with a jerk (4)
15 Type of public protest (3-2)
16 Relating to a sovereign (5)
18 VHS player (inits) (3)

Across

1 Incite (4,2)
6 Pottery material (4)
7 Prefix meaning "one thousand" (4)
8 With awe (11)
10 Discourses (11)
13 Hero (4)
15 Attempt (4)
16 Nominating (6)

Down

1 Twist (5)
2 Write in (3)
3 Development (11)
4 Follow, as in advice (3,2)
5 Ancient Mesopotamian city (7)
9 Positions (7)
11 Bludgeons (5)
12 Litigating (5)
14 Floral chain (3)

Across

7 Got up (5)
8 Goodbye (5)
9 Disregards (7)
10 "Far out!" (3)
11 Pyromaniac's crime (5)
13 Din (5)
15 Crazy (3)
17 Confined; tight (7)
20 Clueless (5)
21 Is required (5)

Down

1 The wise men (4)
2 Extremities (6)
3 Small dam (4)
4 Sultana (6)
5 Fibber (4)
6 Jumble (6)
11 Equipping (6)
12 Core parts (6)
14 Call into question (6)
16 Raised floor for a throne (4)
18 Assert (4)
19 Given task (4)

Across

1 In a state of disrepair (4-2)
5 Caper (5)
7 Goes in (6)
9 Lengthened (4)
11 2001 movie, *Shallow* ___ (3)
13 Disney's flying elephant (5)
14 Avoid (5)
16 Life story (3)
18 Huge (4)
21 Toils (6)
23 Buenos Aires dance (5)
24 Keepsakes (6)

Down

1 Made tea (6)
2 Digit (3)
3 Turkish title (5)
4 Summit (4)
6 Casual shirt (3)
8 Ideas (6)
10 Mythical sea monster (6)
11 Pan heater (3)
12 Former pope (3)
15 Expunges (6)
17 Silver bar (5)
19 Skills (4)
20 Can (3)
22 Bug (3)

Across
1 Contingent (9)
7 *Tosca*, eg (5)
8 Polynesian language (5)
10 Labels (4)
11 Without being asked (2,4)
14 Probable (4-2)
15 Layer of dirt (4)
17 Diner (5)
19 Straighten up (5)
20 A set of foundation stories (9)

Down
2 Appeared (7)
3 Test (4)
4 Insist upon (6)
5 *The Matrix* hero (3)
6 Delay (8)
9 Being received (8)
12 Filling (7)
13 An interval of five semitones (6)
16 Rich cloth covering (4)
18 Tinker (3)

Across

1 Concern about other people's feelings (11)
6 Privileges (6)
7 Cleans the floor (4)
8 Fight (3-2)
11 Fine and feathery (5)
12 Typed (5)
13 Tiny (5)
17 Queen of Carthage (4)
18 Irrational fear (6)
19 Highest-ranking card (3,2,6)

Down

1 Kinds (5)
2 Time without sun (5)
3 USSR news agency (4)
4 Dracula, eg (7)
5 Tennis technique (7)
9 Mournful (7)
10 Diva's voice effect (7)
14 Receded (5)
15 "A very long time" (5)
16 Large creative work (4)

Across

1 Written copy (10)
5 Small aquarium fish (5)
7 Presumes (5)
9 Putrid (6)
10 Dubious (4)
12 Wizard's prop (4)
13 Irish, eg (6)
16 Chilled (2,3)
17 Tally (5)
18 Sweet milk dessert (10)

Down

1 Large, carnivorous Asian cat (5)
2 Fashions (6)
3 Travel on (4)
4 Collected body of work (9)
6 Prospective (9)
8 Atmosphere (3)
11 Aromatic balm (6)
12 Court (3)
14 Greek island (5)
15 Eager (4)

Across

3 Cram (3)
6 Greeting (5)
7 Awry (5)
8 Diplomatic official (10)
14 Corpulent (5)
15 Anyway (10)
21 ___ fatale (5)
22 Treatise (5)
23 Radio presenters (abbr) (3)

Down

1 "Gosh!" (4)
2 Yokel (4)
3 Happinesses (4)
4 A Yucatán Indian (4)
5 Car driven by a chauffeur (4)
9 Engine (5)
10 At the side of (5)
11 Sully (5)
12 Reside (5)
13 Sprints (5)
16 Former "Tickle Me" toy (4)
17 Old (4)
18 Performs an action (4)
19 Effortless (4)
20 States (4)

Across
7 Plot (5)
8 Money recipient (5)
9 Educates (7)
10 Hearing organ (3)
11 A distracting obstruction (5,6)
12 Actress, Gardner (3)
13 Modified (7)
16 Laws (5)
17 One hundredth of a rial (5)

Down
1 Roe (4)
2 Trendy (11)
3 "Scram!" (4)
4 Mimics (4)
5 Laying out a book (11)
6 Brain cell (6)
11 Flight of steps (6)
13 Too (4)
14 Helper (4)
15 College quarters (4)

Across

4 Honors (10)
6 VCR standard (inits) (3)
7 Frozen dessert (3,5)
10 Unable to be seen (9)
11 Start (8)
13 NCO rank (abbr) (3)
14 Cave dweller (10)

Down

1 *Scream* director, Craven (3)
2 Depict in words (8)
3 Henry VIII's final wife, Katherine (4)
4 Spicy pork sausage (7)
5 Phone ID card (inits) (3)
8 Correspond (8)
9 Typical (7)
11 Gash (3)
12 Wizard (4)
13 Opposite of north (abbr) (3)

Across

1 Knickknack (4-1-4)
7 Grand dances (5)
8 Tickle (5)
9 Soccer-team name ending (abbr) (3)
10 Second postscript (inits) (3)
11 Tit for ___ (3)
12 Table support (7)
14 Automobile (3)
15 Umpire (3)
17 Combat (3)
18 Wash your body (5)
19 Destined (5)
20 Committed (9)

Down

1 Jazz variant (5)
2 Drew pictures for (11)
3 Take for granted (6)
4 Absorb text (4)
5 Corresponding opposite (11)
6 Loaned (4)
13 Road surface (6)
14 Taxis (4)
16 Lavishly honored (5)
17 Go in a specified direction (4)

Across

7 Trivial (5)
8 Anticipate (5)
9 Deep-seated (7)
10 Internal PC expansion connector (inits) (3)
11 Double-deckers, eg (5)
13 Self-respect (5)
15 Clod (3)
17 Even more minuscule (7)
20 Rest in bed (5)
21 Split in two (5)

Down

1 Heroic (4)
2 Turmoils (6)
3 Anthem (4)
4 Crazy; eccentric (6)
5 Stay overnight in a tent (4)
6 Hit (6)
11 Window-shop (6)
12 Workout exercises (3-3)
14 Winter stalactite (6)
16 Release (4)
18 Repeat (4)
19 Snorkeling site (4)

Across

1 Midday meal (9)
7 A thin segment (5)
8 Terror (5)
10 Twelve inches (4)
11 Nailing tool (6)
14 Of or relating to the lower spine (6)
15 Just (4)
17 Agave with swordlike leaves (5)
19 Not italic (5)
20 Likewise (9)

Down

2 Regular (7)
3 Cook (4)
4 Man's formal headgear (3,3)
5 Guys (3)
6 Helpfully (8)
9 Holding (8)
12 Negligible (7)
13 Bush travel (6)
16 Killer whale (4)
18 Murder-scene detective (inits) (3)

Across
1 Hairpiece (3)
3 Even chance (4-2)
7 Dumb bird? (4)
8 Obscures (6)
9 Distribute (9)
11 Book rooms (9)
12 Away (6)
14 Vases (4)
16 Health spa (6)
17 Wooden shelter (3)

Down
1 "Says ___?" (3)
2 Trattoria dumplings (7)
4 Opposite of a lark? (3)
5 Relish; dressing (5)
6 Has (9)
7 Folding beach seat (4,5)
8 Guilty person (7)
10 Via (7)
11 Endures (5)
13 And not (3)
15 Louse's egg (3)

Across

1 Theatrical smoke (3,3)
4 Position (4)
6 Set up tents (6)
7 Charged atoms (4)
8 Flask (6)
11 Small children (4)
12 Nil (4)
13 Stocky (6)
16 Organized criminals (4)
17 Citrus fruit (6)
18 Horn sound (4)
19 Afraid (6)

Down

1 Nerd (5)
2 Sailing boat (5)
3 Facial looks (11)
4 Toy dog breed (4,3)
5 Close-fitting, sleeveless shirt (4,3)
9 Aromatic culinary herb (7)
10 Idea (7)
14 Large country house (5)
15 Cede (5)

94

Across
1 Eve's mate (4)
4 Melodies (5)
8 Seventh month (abbr) (3)
9 Cancel (5)
11 Evocative (11)
13 Headline act (4,7)
15 Rugged (5)
18 Pick (3)
19 Float (5)
20 Fading evening light (4)

Down
2 Quandary (7)
3 Married title (3)
5 America (inits) (3)
6 Stretch (5)
7 Slightly open (4)
10 Inventing (7)
12 Text revisers (7)
13 Use up (5)
14 Entrails (4)
16 Amiss (3)
17 Did own (3)

Across

1 Unutterable (11)
7 Tennis and soccer (6)
8 Leg joint (4)
9 Rotate (4)
10 Repeats (6)
13 Leave suddenly (6)
16 Alongside (4)
17 Cloak (4)
18 Formally request (6)
19 Assistants (11)

Down

2 Roman water god (7)
3 Predatory South American fish (7)
4 Type of airplane seat (5)
5 Type of stringed instrument (5)
6 Levels (5)
11 Nonetheless (7)
12 Give a right to (7)
13 Indoor throwing game (5)
14 Involving a third dimension (5)
15 Publish (5)

Across
1 Cease a process (11)
6 Double-reed player (6)
7 Records (4)
8 Nip (5)
11 Readily available (2,3)
12 Location (5)
13 Type of poplar (5)
17 Mathematical positions (4)
18 Church keyboards (6)
19 Symbols (11)

Down
1 Sag (5)
2 Exhibited (5)
3 Scores a goal (4)
4 Isolated land masses (7)
5 Improve (7)
9 Freezing (3-4)
10 Warning (7)
14 Flat food dish (5)
15 Snoops (5)
16 Mongolian and Chinese desert (4)

Across

1 Inhibition (4-2)
6 Sunburn relief (4)
7 Wild pig (4)
8 Strictly; according to the facts (11)
10 Have a heated argument (5,6)
13 Titanic's ruin (abbr) (4)
15 Legume (4)
16 Spectacle (6)

Down

1 Robbery (5)
2 Bag (3)
3 Allowable (11)
4 Reindeer driver? (5)
5 Twofold (7)
9 Before now (7)
11 Portents (5)
12 Hex (5)
14 Animated graphic (inits) (3)

Across

1 Sleeps during the day (4)
4 Chess castle (4)
7 Utilize (3)
9 Commerce (5)
10 Tag (5)
11 Morays, eg (4)
12 Welsh, Breton, or Manx, eg (6)
14 Mass times gravity (6)
16 New Zealander (4)
19 Paces (5)
20 Submerge (5)
21 Former actress, West (3)
22 Sadly (4)
23 Cheek (4)

Down

2 Take advantage of (5)
3 Hard, white fat (4)
4 Release from anxiety (6)
5 Scope (5)
6 Or else (9)
8 Voting processes for public office (9)
13 Rifts (6)
15 Perfect (5)
17 Fetters (5)
18 Poems (4)

Across

1 Incredibly (9)
8 Tempest (5)
9 Bet (5)
10 Fluid (6)
12 Large wading bird (4)
14 Rip (4)
15 Materialize (6)
17 Semiaquatic weasel (5)
18 Improvise (2-3)
20 Divide into parts (5,4)

Down

2 Cow sound (3)
3 Reanimated body (6)
4 TV reports (4)
5 Readable (7)
6 Separation (9)
7 Order a drug (9)
11 Fourth (7)
13 Toward a higher place (6)
16 Zone (4)
19 Depressed (3)

Across
1 Placing (11)
7 Second Greek letter (4)
8 Central (6)
9 Formal ballroom dance (5)
10 Modify (5)
13 Emerald or aquamarine, eg (5)
15 Airy spirit (5)
17 Not awake (6)
18 Law (4)
19 Very tall buildings (11)

Down
2 Run (7)
3 Unsuitably (7)
4 Foot of two syllables (4)
5 New Delhi country (5)
6 Visitor (5)
11 Non-overnight excursion (3,4)
12 Fashionable (7)
13 Legumes (5)
14 Baton race (5)
16 Stout pole on a ship (4)

Across

3 Fast "French" food (5)
6 Less noisy (7)
7 Wide-awake (5)
8 Becomes worn out (5)
9 Each (3)
11 Earn (5)
13 Clothes for the feet (5)
15 Greek letter "X" (3)
18 Remains (5)
19 Bingo (5)
20 Admonition (7)
21 Claw (5)

Down

1 Useless (6)
2 Nonspecific (7)
3 Painting borders (6)
4 Alpine goat (4)
5 Groups (4)
10 Humdrum (7)
12 Tossed (6)
14 Typing (6)
16 Scheme (4)
17 Web code (inits) (4)

Across

1 Enrolling (11)
6 Not susceptible (6)
7 Restraint (4)
8 Dresses distinctively (5)
11 Leave somewhere (2,3)
12 Tolerated (5)
13 Polled (5)
17 Counterpart to "undo" (4)
18 Largest wild sheep (6)
19 Think about (11)

Down

1 Regretting (5)
2 *Halo* fan? (5)
3 Kicked, as in a ball (4)
4 Guesses (7)
5 Cherish (7)
9 1920s architectural style (3,4)
10 Tire-burst incident (7)
14 Eucalyptus-eater (5)
15 Propel (5)
16 Conceal in the hand (4)

Across

2 Beach water limit (4,4)
5 Nevada gambling resort (4)
6 Identity document (8)
8 Paramedic skill (inits) (3)
10 Concluding (8)
12 Material (8)
14 Australian state (inits) (3)
16 Appetizers (8)
18 Aware of (2,2)
19 Excelling at school (8)

Down

1 Caiman's cousin (4)
2 Short journey (3)
3 Of current relevance (7)
4 Absence of light (8)
7 Copy (3)
9 Pitiful (8)
10 Wanted (7)
11 Medic (3)
13 Ventilate (3)
15 Blink with one eye (4)
17 Thus (3)

104

Across
1 Limited to local concerns (9)
7 Kitchen shield (5)
8 Plants grow from them (5)
10 Apart (4)
11 Agree (6)
14 Published (6)
15 It may be bulletproof (4)
17 Bare (5)
19 Trap (5)
20 Large northern constellation (9)

Down
2 Liabilities (7)
3 Has (4)
4 Biblical shrub (6)
5 Era (3)
6 A system of levies (8)
9 Elastic (8)
12 Made (7)
13 Seller (6)
16 Con (4)
18 Family (3)

Across
1 Responding to the user (11)
7 Misgivings (6)
8 Long periods of time (4)
9 Grant (5)
11 Ire (5)
13 Looking pale with fear (5)
14 Picture (5)
16 Elbow bone (4)
18 Earns (6)
20 Wide, arterial roads (11)

Down
2 Narrow strips of pasta (7)
3 Recede (3)
4 Church recess (4)
5 Proposition (7)
6 Small truck (3)
10 Outside; unenclosed (4,3)
12 Firmly (7)
15 Yule, informally (4)
17 Illuminance unit (3)
19 Type of clothing (inits) (3)

Across
1 Having dog-paddled (4)
4 Punches; strikes (4)
7 Boxer, Muhammad (3)
9 Conforms (5)
10 Liabilities (5)
11 An equal (4)
12 Take away (6)
14 Functioning (6)
16 Experts (4)
19 Fantasy (5)
20 Started (5)
21 Volume-level unit (3)
22 Chances (4)
23 Orient (4)

Down
2 In what place? (5)
3 Face concealment (4)
4 Obscured (6)
5 Sacrosanct (5)
6 Mixtures (9)
8 Appraising (9)
13 Ascends (6)
15 Alter (5)
17 Tempers (5)
18 Fit (4)

Across

- **7** Court official (5)
- **8** Coarse (5)
- **9** Uniformly (7)
- **10** Noah's ship (3)
- **11** Thin columns of smoke (5)
- **13** Type of couch (5)
- **15** Definitive British dictionary (inits) (3)
- **17** Doubtful (7)
- **20** Call (5)
- **21** Overturn (5)

Down

- **1** Pack animal (4)
- **2** Yells (6)
- **3** Spoken (4)
- **4** Hoped (6)
- **5** Sandwich fish (4)
- **6** Moved back and forth (6)
- **11** Cries of excitement (6)
- **12** Become unhappy (6)
- **14** Bluish-purple (6)
- **16** Plunge (4)
- **18** Melancholy (4)
- **19** Drinks mixer (4)

Across

1 Issue (4)
4 Visage (4)
7 Early Chinese dynasty (3)
8 End points (7)
10 Book user (6)
12 Biblical first son (4)
13 Atop (4)
15 Arachnid (6)
19 Inures (7)
20 Card game (3)
21 Pallid (4)
22 Spotted-skin disease (4)

Down

2 Craze (5)
3 Name (5)
4 Discharge a weapon (4)
5 Porcelain (5)
6 Complete (8)
9 Disregarding (8)
11 Dull brown (3)
12 Screen wizardry (inits) (3)
14 Terrifying people (5)
16 Linguine, eg (5)
17 "Eat up!" (3,2)
18 Youthful and fresh (4)

109

Across

1 Favored (9)
8 Up to (5)
9 Long-winded (5)
10 Brogue (6)
12 Weal (4)
14 Ship's company (4)
15 Inert (6)
17 Trite (5)
18 Hindu forehead mark (5)
20 Noncanonical scripture (9)

Down

2 Furrow (3)
3 Related to cats (6)
4 Fury (4)
5 Simplest (7)
6 Tea sweetener (5,4)
7 Related to grammar (9)
11 Take all the profit (5,2)
13 Short (6)
16 Allied countries (4)
19 "I'll pass" (3)

Across
4 Parlor (6,4)
6 Obese (3)
7 Sunbed alternative (5,3)
10 Central American republic (9)
11 Agrees (8)
13 Whichever (3)
14 Putting off to a future time (10)

Down
1 Spot (3)
2 Lose (8)
3 Worship (4)
4 Berate (3,4)
5 First working day (abbr) (3)
8 Adjusting (8)
9 Fantastic (7)
11 Police officer (3)
12 Takes a seat (4)
13 Aardvark's dinner (3)

Across

1 Conviction (6)
6 Broadcasts (4)
7 Jetty (4)
8 With great effort (11)
10 Multi-projectile munition (7,4)
13 Tea, ___ Grey (4)
15 Diva's solo (4)
16 Mariner (6)

Down

1 Visual groove (5)
2 Edge (3)
3 Mercy (11)
4 Japanese poem (5)
5 Puzzle (7)
9 At a brisk speed, in music (7)
11 Perspire (5)
12 Without doubt (2,3)
14 Text-speak laugh (inits) (3)

Across
1 Simmer (4)
4 Rush (4)
7 Expert (3)
9 Below (5)
10 Coffee-shop order? (5)
11 Certain (4)
12 Be at (6)
14 Extended (6)
16 Community website (4)
19 Russian pancakes (5)
20 Constructed (5)
21 Her (3)
22 Sort (4)
23 Former times (4)

Down
2 Henry VIII, eg (5)
3 Skew (4)
4 Distant (6)
5 Ride a bike (5)
6 Sign up for regular copies of a publication (9)
8 Measure of data flow (9)
13 Cherry red (6)
15 Raucous (5)
17 More glacial (5)
18 Comply with (4)

Across

1 Keeping back (9)
7 Natural sweetener (5)
8 Personnel (5)
10 Therefore (4)
11 Rich, moist cake (6)
14 Habit (6)
15 Pre-Roman inhabitant of Europe (4)
17 Lathers (5)
19 Slant (5)
20 Print again (9)

Down

2 Hires (7)
3 It replaced the Franc and Mark (4)
4 Ocular (6)
5 Global intelligence agency (inits) (3)
6 Intrinsic natures (8)
9 XIV, to the Romans (8)
12 Appears (7)
13 Main Japanese island (6)
16 Frozen rain (4)
18 Yes vote (3)

Across

7 Prepare to pray, perhaps (5)
8 States firmly (5)
9 Grapple in a fight (7)
10 Bind (3)
11 Conventional (11)
12 Josh Groban song (3)
13 Together (7)
16 Contributes (5)
17 Dress (5)

Down

1 Warp (4)
2 Sets of contemporaries (11)
3 Congealed liquid (4)
4 Compel (4)
5 Goal (11)
6 Also (2,4)
11 Place of worship (6)
13 Jape (4)
14 Data (4)
15 Waffles (4)

Across

1 Applaud (4)
4 Crazes (4)
7 Throw (3)
8 Wear your best clothes (5,2)
10 Jointly used (6)
12 Traveling folk (4)
13 Got into debt (4)
15 Greatest (6)
19 Comes into bloom (7)
20 Add-on online content (inits) (3)
21 Excitement (4)
22 Hades river (4)

Down

2 The Scales (5)
3 Priest (5)
4 Worry (4)
5 Dance music (5)
6 Spacecraft launch (5-3)
9 Repeated learning of a skill (8)
11 Opposite of green? (3)
12 Butt (3)
14 Very dark wood (5)
16 Exams (5)
17 Strangely (5)
18 Selection of hot and cold plates (4)

116

Across

3 Aflame (3)
6 Large violin (5)
7 Exhorted (5)
8 Copied (10)
14 Slightly color (5)
15 Buildings (10)
21 Parental sibling (5)
22 Walk (5)
23 Bed-wear (abbr) (3)

Down

1 A permanent mark (4)
2 Splash sound (4)
3 Emblem (4)
4 Ballerina's skirt (4)
5 Fever (4)
9 Finish a meal (3,2)
10 *Pac-Man*, perhaps (5)
11 Not very clever (5)
12 Swindle (5)
13 Jive (5)
16 Starchy food grain (4)
17 Make ready (4)
18 Decomposes (4)
19 News article (4)
20 Froth (4)

Across

1 Confidence in oneself (4-7)
7 Long-bodied reptile (6)
8 Stalk (4)
9 Dunce (4)
10 Imagined (6)
13 Computer-based video recorder (6)
16 Henry VIII's wife, Boleyn (4)
17 Design (4)
18 Senility (6)
19 Seers (11)

Down

2 Chapter (7)
3 Frenzied (7)
4 Ceased (5)
5 Additional (5)
6 Lure (5)
11 Precisely (7)
12 Boss (7)
13 Cleans with a cloth (5)
14 "Well done!" (5)
15 Manners of expression (5)

Across

7 Cost (5)
8 Do very well (5)
9 Playful composition (7)
10 Secret recipient (inits) (3)
11 Result (5)
13 Squeals (5)
15 Rolling news channel (inits) (3)
17 Carry out (7)
20 Due (5)
21 Pond scum (5)

Down

1 Spring resorts (4)
2 Illuminates (6)
3 Scorch (4)
4 Recollection (6)
5 Strike breaker (4)
6 Timepieces (6)
11 A fund held in trust (6)
12 Elan (6)
14 Loll (6)
16 Animal's claw (4)
18 Ages (4)
19 Female sheep (4)

Across

2 Provide with an incentive (8)
5 Water (4)
6 Propositions (8)
8 Large (3)
10 Eccentrics (8)
12 Twelve o'clock (8)
14 Summer time (inits) (3)
16 More than half (8)
18 Not odd (4)
19 Stubbornly intent (4-4)

Down

1 Spread thickly (4)
2 Floor protector (3)
3 Different version (7)
4 Eternal (8)
7 Concealed (3)
9 Cozy (8)
10 Score against yourself, in soccer (3,4)
11 Excavate (3)
13 Spicy (3)
15 Care for (4)
17 So far (3)

Across
1 Egg cell (4)
4 Roused (4)
7 Type "A" sun radiation (inits) (3)
9 Functions (5)
10 Brings in (5)
11 Askew (4)
12 Circle of light (6)
14 Come up with (6)
16 Cash register (4)
19 Artist's materials (5)
20 Feasts (5)
21 Work well together (3)
22 Wander (4)
23 Slips up (4)

Down
2 Nastier (5)
3 Dusty smell (4)
4 Minor part in a drama (4-2)
5 Japanese bamboo-sword fencing (5)
6 Living things (9)
8 Found (9)
13 Infuriate (6)
15 Recording (5)
17 Interior (5)
18 Lazy (4)

Across
1 Adapt (6)
4 Thick paper (4)
8 Romaine (3)
9 Montage (7)
10 Narrow water inlet (5)
11 Some beds, eg (5)
13 Pictorial word puzzle (5)
15 Spicy cuisine (5)
17 Waterfall (7)
19 Uncooked (3)
20 Drinks slowly (4)
21 Owner (6)

Down
1 Heavy clubs (5)
2 Trouble (7)
3 Stood up to (5)
5 "Alias" (inits) (3)
6 Works (5)
7 Apartment (4)
12 Wounded (7)
13 Oven shelves (5)
14 Paving stone (4)
15 Doctrine (5)
16 Fresher (5)
18 Wear down (3)

Across

1 Signature (9)
8 Open-jawed (5)
9 Key bread ingredient (5)
10 Hindu retreat (6)
12 Calf meat (4)
14 Harvest a crop (4)
15 Rum cocktail (3,3)
17 Devoutness (5)
18 Conform (3,2)
20 Motions (9)

Down

2 *Smash* actress, Thurman (3)
3 At some point (3,3)
4 Umpires (4)
5 Stick out (7)
6 Brief section of text (9)
7 Vivid (9)
11 Dismissal (5-2)
13 Stump (6)
16 Small, U-shaped harp (4)
19 Young infant (3)

Across

1 All of us (9)
7 Pack donkey (5)
8 Haloes (5)
10 Wind in loops (4)
11 South American woolen garment (6)
14 Get back (6)
15 Filth (4)
17 Opposite of credit (5)
19 Nobles (5)
20 Theorize (9)

Down

2 Altering (7)
3 House covering (4)
4 Signal light (6)
5 TiVo, eg (inits) (3)
6 Hidden (8)
9 Least tall (8)
12 Remark (7)
13 Dogmatic decree (6)
16 Gemstone (4)
18 Bud (3)

Across
1 High-powered lamp (11)
7 Fashionably impressive (4)
8 Opportunity (6)
9 Municipal (5)
10 Make law (5)
13 Suspends (5)
15 Donkeys (5)
17 Popular pastry (6)
18 Camera opening (4)
19 Visual lacks of balance (11)

Down
2 Imported curios (7)
3 Depending (7)
4 Country bumpkin (4)
5 Italian seaport (5)
6 A special reward (5)
11 Viler (7)
12 Cleft (7)
13 Monster slain by Hercules (5)
14 Ronald Reagan's wife (5)
16 Archaic "you" (4)

125

Across

- **1** Nickname for James (3)
- **3** Stretch, perhaps (4,2)
- **7** Stiffly formal (4)
- **8** Jerks (6)
- **9** Converted, as in faith (4-5)
- **11** Floral perfume (4,5)
- **12** Stature (6)
- **14** Woes (4)
- **16** Make a contribution (6)
- **17** To no degree (3)

Down

- **1** Bump; jolt (3)
- **2** Keepsake (7)
- **4** iPhone purchase (3)
- **5** A quark and an antiquark (5)
- **6** Secret sequences (9)
- **7** Printed in a book (9)
- **8** Imply (7)
- **10** Romance language (7)
- **11** Rule as monarch (5)
- **13** Head covering (3)
- **15** Fate (3)

Across

7 Slacker (5)
8 Expel (5)
9 Rubber drive band in an engine (3,4)
10 Y-shaped structure (3)
11 Mails (5)
13 Woman's garment (5)
15 Rent (3)
17 Flower on a fruit tree (7)
20 To any degree (2,3)
21 Throws (5)

Down

1 Sharp punch (4)
2 Aircraft (6)
3 Real (4)
4 Moorings (6)
5 Perspective (4)
6 Paved road (6)
11 Type of neutron star (6)
12 Discreetly (6)
14 Take a firm stand (6)
16 Type of furniture wood (4)
18 Cry of pain (4)
19 Greatest in amount (4)

Across

3 Tea, orange ___ (5)
6 Energize (7)
7 Same (5)
8 Grows crops for a living (5)
9 A short pin or bolt (3)
11 Origins (5)
13 Rot (5)
15 Moment (3)
18 Deluge (5)
19 Different (5)
20 Bans (7)
21 Newly made (5)

Down

1 Creamy ice cream (6)
2 Reminds of lines (7)
3 Staged (6)
4 Tie together (4)
5 With sight organs (4)
10 "Scram!" (3,4)
12 Quest (6)
14 On a ship or plane (6)
16 Lupine animal (4)
17 Brake part (4)

Across
1 Not just (6)
6 Vehicle route (4)
7 Young women, informally (4)
8 Visual aspects (11)
10 Application of rules (11)
13 Marks (4)
15 On (4)
16 Agile (6)

Down
1 Soft part at the back of the throat (5)
2 Biblical leaf covering (3)
3 Constraint (11)
4 Ornamental headdress (5)
5 Asian (7)
9 Fine (7)
11 Zing (5)
12 Doubly (5)
14 Relief player (3)

Across

1 Drugs (11)
7 Sell (4)
8 Hang around (6)
9 Inventory (5)
10 Scowl (5)
13 Braid (5)
15 Sudden convulsion (5)
17 Repeat again (6)
18 Western military-treaty group (inits) (4)
19 Without any question (6,5)

Down

2 Voter (7)
3 Brings on (7)
4 Team up (4)
5 Exceed (5)
6 Alarm (5)
11 Verbally attack (3,4)
12 Clothes bucket (7)
13 Pulsate (5)
14 Powdered abrasive (5)
16 Provoke (4)

Across

1 Spiritual power center, in yoga (6)
4 Ice-hockey disk (4)
6 Foreigners (6)
7 Vinegar, eg (4)
8 Wound (6)
11 Female relative (4)
12 Claim (4)
13 Of a population subgroup (6)
16 Stopper (4)
17 Simpler (6)
18 Encounter (4)
19 Believes in (6)

Down

1 Seashore (5)
2 Inner self (5)
3 Relief; appeasement (11)
4 Ancient Egyptian king (7)
5 Tuscan red wine (7)
9 Rotate (7)
10 Vertical (7)
14 Metal spikes (5)
15 Greeting letters (5)

Across
1 Incline (4)
4 Ascend (4)
7 Native American tribe (3)
9 Misbehave (3,2)
10 Allege (5)
11 Instrument of torture (4)
12 Route (6)
14 Trudging (6)
16 "In the same source" (abbr) (4)
19 Scatter around (5)
20 Make more beautiful (5)
21 Arctic seabird (3)
22 Tense (4)
23 Stops (4)

Down
2 Loft (5)
3 Young dogs (4)
4 Suppose (6)
5 Step (5)
6 Least wide (9)
8 Implanting (9)
13 Kind of (2,1,3)
15 Risked (5)
17 Vital bodily fluid (5)
18 Rouse from sleep (4)

Across

7 Viral disease that can cause paralysis (5)

8 Move back and forth (5)

9 Not any place (7)

10 *The Simpsons* bar owner (3)

11 Aircraft detection system (5)

13 Bedouin (5)

15 Garment (3)

17 Counsels (7)

20 Ham-handed (5)

21 Banknotes (5)

Down

1 Whirled (4)

2 Poured (6)

3 "Nah" (4)

4 Toward the back of a ship (6)

5 Movie (4)

6 "Yes" (6)

11 The sale of goods (6)

12 Responds to (6)

14 Chiefly (6)

16 Narrow valley (4)

18 Impression; aura (4)

19 Average (2-2)

133

Across

1 Tax (4)
3 Football team? (6)
8 Celebrity life (7)
9 Rule (3)
10 Computes (10)
13 Sporadic (10)
17 Public health organization (inits) (3)
18 Fidgety (7)
19 Rubbish (6)
20 Key graph line (4)

Down

1 Strong desire (4)
2 String quartet member (5)
4 Actress, Hurley (3)
5 South African grassland (5)
6 Freshest (6)
7 Manual counting tool (6)
11 Seemed (6)
12 Full of happiness (6)
14 Skill (5)
15 Fasten (5)
16 And (4)
18 Enemy (3)

134

Across
1 Rude lack of thanks (11)
7 Asylum seeker (6)
8 Covers (4)
9 Rainbow-forming glass (5)
11 Reds, whites, and rosés (5)
13 Mountaineering tool (3,2)
14 Once more (5)
16 Drab (4)
18 Fast food item (3,3)
20 Exemplified (11)

Down
2 Made up of digits (7)
3 Fix (3)
4 That group (4)
5 Notifying (7)
6 Movie disk (inits) (3)
10 Not as big (7)
12 Perfect example (7)
15 Units of electrical resistance (4)
17 Hawaiian guitar, informally (3)
19 Decimal base (3)

Across

1 Drowns; inundates (10)
5 Ensnares (5)
7 Relating to ancient Carthage (5)
9 Chinese philosophy (6)
10 Slays (4)
12 Pins (4)
13 Carnival (6)
16 Clan (5)
17 Raise (5)
18 Slayer (10)

Down

1 Eight-person choir (5)
2 Most omniscient (6)
3 Trade show (4)
4 Public declaration of intent (9)
6 Next to (9)
8 Major TV network (inits) (3)
11 Decoration for a present (6)
12 Place (3)
14 Sacrificial block (5)
15 Look (4)

Across
1 Ancient combatant (9)
8 Correct (5)
9 Iron, eg (5)
10 Preoccupy (6)
12 "I agree!" (4)
14 Becomes ill (4)
15 Hinder progress (6)
17 Come into conflict (5)
18 Wire (5)
20 Talks about (9)

Down
2 Delay (3)
3 Hate (6)
4 Intentions (4)
5 Most favorable (7)
6 Haughtiness (9)
7 Pillager (9)
11 Course programs (7)
13 Piles (6)
16 Trendy (4)
19 Hive worker (3)

Across

1 Respiratory organ (4)
4 Crawl (4)
7 Opposite of yang (3)
9 Arise (5)
10 Native of Bern (5)
11 Specks (4)
12 Incapable (6)
14 Hire (6)
16 Deliberately taunt (4)
19 Dissolve (5)
20 Built-up (5)
21 Your and my (3)
22 Rope fiber (4)
23 Hearing organs (4)

Down

2 Full-length (5)
3 Stabilizing device (4)
4 Crazy (6)
5 Scale (5)
6 First-prize award (4,5)
8 Agreeing (9)
13 Glob (6)
15 British small change (5)
17 Yellow light (5)
18 Remedy (4)

Across
1 Large wasp (6)
4 Ardor (4)
6 Imperiled (2,4)
7 Burst of breath (4)
8 Menacing warning (6)
11 Press clothes (4)
12 Danish king of England, 1017–35 (4)
13 An octave (6)
16 Teeny (4)
17 Prebirth baby (6)
18 Eons (4)
19 Liquid victuals (6)

Down
1 Red playing card (5)
2 Scarcer (5)
3 Assume control (4,3,4)
4 Moving suddenly and rapidly (7)
5 Insult (7)
9 Suspending (7)
10 Ingresses (7)
14 Egret (5)
15 Head coverings (5)

139

Across

1 Craze (3)
3 Mentally prepares for a task, with "up" (6)
7 Existed (4)
8 Thief (6)
9 Like a female warrior (9)
11 All-inclusive (9)
12 Monet tree (6)
14 Head-louse eggs (4)
16 Wearisome (6)
17 Silent (3)

Down

1 Cost (3)
2 Inhabitant (7)
4 "Full house," on Broadway (inits) (3)
5 Small house (5)
6 Battles (9)
7 Pirate curse (5,4)
8 Exceed (3,4)
10 Initial-based abbreviation (7)
11 Higher (5)
13 Mitt Romney's wife (3)
15 Epistle from Paul (abbr) (3)

Across
4 Chopper (10)
6 Electronic transmission (3)
7 Might be horse? (8)
10 Humoring (9)
11 More bad-tempered (8)
13 Perform (3)
14 Priest's house (10)

Down
1 Jinx (3)
2 Field event (4,4)
3 Expectorate (4)
4 More cheery (7)
5 Decay (3)
8 Implies (8)
9 Insistence (7)
11 Republican party (inits) (3)
12 Skip (4)
13 Bend (3)

Across

1 Indian pastry (6)
6 Make airtight (4)
7 Karaoke for two? (4)
8 Challenging (11)
10 Not lasting (11)
13 Young sheep (4)
15 Scored 100% on (4)
16 Zone (6)

Down

1 Drink with a sucking sound (5)
2 Central (3)
3 Medium altitude cloud (11)
4 Virtue (5)
5 Holiday vehicle (7)
9 Courting (7)
11 Evade (5)
12 His or her (5)
14 Android, perhaps (3)

Across
1 Orthodox (9)
8 Egg-shaped (5)
9 Tender (5)
10 Carved image (6)
12 Maned cat (4)
14 Prying (4)
15 Compact mountain group (6)
17 Old record (5)
18 Teach (5)
20 Camouflaging (9)

Down
2 Early computing pioneer, Lovelace (3)
3 Unlock a shop (4,2)
4 Devotional painting (4)
5 Matters (7)
6 Samba relative (5,4)
7 Money transactions (9)
11 Classic poison element (7)
13 Speed up (6)
16 Tip (4)
19 Bronze (3)

Across

1 Completely on-message official? (11)
6 Make possible (6)
7 Playboy (4)
8 Awareness (5)
11 Awesome (5)
12 Wander (5)
13 Shoplifted (5)
17 Find faults (4)
18 Throw into the air (6)
19 Creating a distinctive mood (11)

Down

1 Zones (5)
2 Evident (5)
3 Beers (4)
4 Debased (7)
5 Quill pen essential (7)
9 Remove (7)
10 Soap for washing your hair (7)
14 Possessor (5)
15 Principle (5)
16 Hair fastening (4)

Across
1 Common perception (10)
5 Deduce (5)
7 Hues (5)
9 Skulked (6)
10 Angel's instrument (4)
12 Unintelligent person (4)
13 Lapse (6)
16 Repeat mark (5)
17 Ward off (5)
18 At the same time (2,8)

Down
1 Saddle fall (5)
2 Won (6)
3 Carry (4)
4 Spiky tropical fruit (9)
6 Not remembered (9)
8 Take a small mouthful (3)
11 Llama relative (6)
12 Fish-and-chips fish (3)
14 Flower segment (5)
15 Common soft drink (4)

145

Across
1 Apparel (4)
4 Couch (4)
7 Priest (abbr) (3)
9 Depart (5)
10 The same as (5)
11 Nastily sticky (4)
12 Says (6)
14 Drops behind (6)
16 Carafe (4)
19 Slightly falsify (5)
20 Cowboy display (5)
21 Basketball league (inits) (3)
22 Courage; resolve (4)
23 Long formal dress (4)

Down
2 By surprise, as in "taken ___" (5)
3 Reared (4)
4 Slender (6)
5 Flaw (5)
6 Complainant (9)
8 Lesson location (9)
13 Patron (6)
15 Common birch-family tree (5)
17 Bereaved woman (5)
18 Tug (4)

Across

1 Rancher (6)
5 More mature (5)
7 Insight (6)
9 Haze (4)
11 Task (3)
13 Pace (5)
14 Group of similar objects (5)
16 Title for a young man (abbr) (3)
18 Among (4)
21 Forward (6)
23 Choose (5)
24 Was audibly wistful (6)

Down

1 Least (6)
2 Wet earth (3)
3 Juliet's lover (5)
4 Troika (4)
6 Opposite of don'ts (3)
8 Large shrimp (6)
10 Lowest limits (6)
11 Average guy? (3)
12 Grill on a fire (inits) (3)
15 Picked up and gave (6)
17 Notices (5)
19 Submissive (4)
20 Ex-Korean president, Kim ___-jung (3)
22 Movement of a dog's tail (3)

Across
3 Conifer (3)
6 New (5)
7 Unfolds (5)
8 Reword (10)
14 Orifice (5)
15 Rag-tag band (6,4)
21 Small game bird (5)
22 Beer (5)
23 Circuit (3)

Down
1 Photo (4)
2 Always (4)
3 Panic (4)
4 Bellow (4)
5 Clarets, eg (4)
9 Collection of songs (5)
10 Confess (5)
11 Residence (5)
12 Off the cuff (2,3)
13 Wear down (5)
16 Elliptical (4)
17 Soothe (4)
18 Doggy cry (4)
19 Heavy floor mats (4)
20 Metal filament (4)

Across
1 Modifications (11)
6 Two-seater bicycle (6)
7 Sneak a look (4)
8 Chinese Chairman (3)
9 Indifference (6)
12 Adds (4)
13 Sprint away (4)
14 Bicycle seat (6)
16 High mountain (3)
17 Young lady (4)
18 Competitors (6)
20 Vocational higher-education institute (11)

Down
1 Computer key (3)
2 Government after a coup (5)
3 Stomach (5)
4 Laid bare (7)
5 Caused by heat (7)
10 Written condition (7)
11 Entirely (7)
14 Binge (5)
15 Sap (5)
19 Fluid pouch in an animal (3)

149

Across
- **4** Watched over (10)
- **6** Book-layout software (inits) (3)
- **7** Sheep protector (8)
- **10** Abducted (9)
- **11** Local government bodies (8)
- **13** *Batman* actor, Kilmer (3)
- **14** Advert (10)

Down
- **1** Tea holder (3)
- **2** Car repairer (8)
- **3** Excited; euphoric (4)
- **4** Continue doing (5,2)
- **5** Flop (3)
- **8** Inhabitants (8)
- **9** Extreme (7)
- **11** Health organization (inits) (3)
- **12** Title (4)
- **13** Large tank (3)

150

Across
7 Stage (5)
8 Gulf (5)
9 Made ineffective (7)
10 Actress, Wanamaker (3)
11 Ate (5)
13 Type of heron (5)
15 Female whale (3)
17 Notified (7)
20 Single figure (5)
21 Thorax (5)

Down
1 Twirl (4)
2 Edge (6)
3 Tidy (4)
4 Flat-bladed oar (6)
5 Crier's cry (4)
6 Posit (6)
11 Decrypt (6)
12 Sketches (6)
14 Dared (6)
16 Comedians (4)
18 Immoral habit (4)
19 Be extremely fond of (4)

Across

1 Relating to a math equation (9)
8 Physical strength and health (5)
9 The clear sky (5)
10 Purify (6)
12 *Dracula* author, Stoker (4)
14 Let (4)
15 "Leave!" (4,2)
17 Wooden paneling (5)
18 Tropical lizard (5)
20 Stand for (9)

Down

2 Meat joint (3)
3 Prone to mistakes (6)
4 Regretted (4)
5 Receive from your parents (7)
6 Bank account deficit (9)
7 Increase in rank (9)
11 Money management (7)
13 Integrates (6)
16 Alcoholic malt drink (4)
19 Tin (3)

Across

1 Certain razor brand (3)
3 Averted (7)
7 Pluck a guitar string (5)
8 Shaggy (5)
9 Begin again (7)
11 Bit (3)
12 Hellos (3)
13 Wood burned at Christmas (4,3)
15 Spiritual emblem (5)
17 Barely perceptible (5)
18 Non-religious (7)
19 Pistol (3)

Down

1 Mean dog, perhaps (5)
2 Particular stipulations (7)
3 Central value (abbr) (3)
4 Relating to a circular path (7)
5 Dentist's degree (inits) (3)
6 Wood nymph (5)
10 Awful (7)
11 Speaking (7)
12 Loathes (5)
14 Age (3,2)
16 Gentle affection (inits) (3)
17 Distant (3)

Across

1 Early Christian offshoot (10)
5 Tongue of fire (5)
7 Passenger ship (5)
9 Group of states under one power (6)
10 Pace (4)
12 Extended cry of pain (4)
13 Extent (6)
16 Military exercise (5)
17 Become subject to (5)
18 Superiorly; prudishly (10)

Down

1 Blunder (5)
2 Conjecture (6)
3 Bistro (4)
4 Tactical (9)
6 Sound-system appliance (9)
8 Bark (3)
11 Twins zodiac sign (6)
12 Mass of padding (3)
14 Rush (5)
15 Toil (4)

154

Across
1 Mexican dish (4)
4 Energizes, with "up" (4)
7 GATT successor (inits) (3)
9 Slack (5)
10 Opts (5)
11 Platform for loading ships (4)
12 Feeling of resentment (6)
14 Less at ease (6)
16 Spiritual relaxation technique (4)
19 Hot pepper (5)
20 Overturn (5)
21 West Indian state (3)
22 Gradually withdraw (4)
23 Plucked stringed instrument (4)

Down
2 Odor (5)
3 Is indebted to (4)
4 Warhol works (3,3)
5 Walked back and forth (5)
6 Persuasive speech (9)
8 Artificial European language (9)
13 Plan (6)
15 Steer (5)
17 Start (5)
18 Coupled (4)

155

Across

2 Smooth-tongued (4)
4 Code word for "S" (6)
6 Stuff (4)
8 Enlarged (4)
10 Append (3)
11 Bristle (7)
13 Non-professional (7)
16 Sales feature (inits) (3)
17 Stated (4)
18 Exertion (4)
20 Desolate (6)
21 Litigated (4)

Down

1 Start afresh (5)
2 College transcript number (inits) (3)
3 Obsequiously friendly (5-5)
4 Autographs (10)
5 Beats on a serve (4)
7 Spoil (3)
9 What person? (4)
12 Large, flightless birds (4)
13 Liable (3)
14 High (4)
15 All-night parties (5)
19 Weird (3)

156

Across
3 Preserved dead body (5)
6 Dante's hell (7)
7 Track (5)
8 Wavy (5)
9 Snoop (3)
11 Bush (5)
13 Uses a sieve (5)
15 Wily (3)
18 Worship (5)
19 Suitor (5)
20 Hive-building material (7)
21 "A long way" (5)

Down
1 Forceful forward flow (6)
2 Fervent (7)
3 Automobiles (6)
4 Fortifying ditch (4)
5 Egg yellow (4)
10 European Jewish language (7)
12 Passages found on book jackets (6)
14 Back-of-mouth passage (6)
16 Moved in the sea (4)
17 Cheek part (4)

Across

1 Financial-reporting profession (11)
7 Measure, with "out" (4)
8 From a distant place (6)
9 Reel (5)
10 Travels on (5)
13 Bodily sacs (5)
15 Liquid (5)
17 Become extinct (3,3)
18 Seriously harm (4)
19 Making a copy of (11)

Down

2 Tattily (7)
3 Unfold (4,3)
4 Want (4)
5 Well-known (5)
6 Chatters away incessantly (5)
11 Relating to the Muslim religion (7)
12 Omission (7)
13 Apple beverage (5)
14 Brew (5)
16 Breeding stallion (4)

158

Across
1 Nepalese soldier (6)
4 Roof overhang (4)
6 Guarantee (6)
7 Parsley or sage (4)
8 Muddled (6)
11 Curved (4)
12 Musical ending (4)
13 Rich big shot (3,3)
16 Uterus (4)
17 Disregard (6)
18 Caracal (4)
19 Is (6)

Down
1 Glow; glimmer (5)
2 Dangers (5)
3 In advance (5,2,4)
4 Display (7)
5 Porch (7)
9 Thrift (7)
10 Speaker's temporary platform (7)
14 Cultivated plants (5)
15 Sources of wood (5)

159

Across
1 Identical copies (6)
5 Remnant (5)
7 Deciduous flowering shrub (6)
9 Lug (4)
11 Soul singer Knight, familiarly (3)
13 Subsidiary theorem in a proof (5)
14 Coastal opening (5)
16 Bustle (3)
18 Jar (4)
21 Spoke (6)
23 Small fairy (5)
24 Esteem (6)

Down
1 A smaller part of a church (6)
2 Pro Bowl organization (inits) (3)
3 Avert, with "off" (5)
4 Fall over (4)
6 Current unit (3)
8 Beast (6)
10 Open up (6)
11 "Harrumph!" (3)
12 Energy (3)
15 Cared for (6)
17 Total (5)
19 "Sorry!" (4)
20 Formal wear (3)
22 Cut tree trunk (3)

Across

1 Restored (10)
7 Vinegary, eg (6)
8 Yield (4)
9 Velocity (5)
11 Quotes (5)
13 In accordance with (2,3)
14 Awry (5)
16 Duration (4)
18 Automatic reaction (6)
20 Intentional (10)

Down

2 Runs away (7)
3 Signal "yes" (3)
4 Nervous twitches (4)
5 Strategy (7)
6 Completed (3)
10 Everlasting (7)
12 World's highest mountain (7)
15 Dreary (4)
17 A person's home, informally (3)
19 Because of (3)

Across

1 Serving error in tennis (6,5)
7 Relaxed (2,4)
8 Clue (4)
9 Genuine (4)
10 A score (6)
13 Frameworks (6)
16 Handle a situation (4)
17 Wrongs (4)
18 Wirelesses (6)
19 Contrasts; parallels (11)

Down

2 Out and about (2,3,2)
3 Writing for the blind (7)
4 Upright (5)
5 Merger (5)
6 Shabby (5)
11 Applies encryption (7)
12 Tropical cyclone (7)
13 Rock or country (5)
14 Jeans fabric (5)
15 More certain (5)

Across

1 Mental powers (9)
8 Roof overhangs (5)
9 Girl's outfit (5)
10 Infested (6)
12 Woody plant (4)
14 Prescribed amount (4)
15 Toyed (6)
17 Group of singers (5)
18 Respected elder (5)
20 Button press (9)

Down

2 Penultimate month (abbr) (3)
3 Spring festival (6)
4 Woman (4)
5 Obviously (7)
6 Replicate (9)
7 Rising (9)
11 Throw away, with "of" (7)
13 Unpowered aircraft (6)
16 Globes (4)
19 Tibetan ox (3)

163

Across

3 Refined iron (5)
6 Highest singing voice (7)
7 Material gain (5)
8 Canoe (5)
9 Sandwich filling (inits) (3)
11 Rub vigorously (5)
13 Fenced areas (5)
15 Ballpoint, eg (3)
18 Tally (5)
19 Camera image (5)
20 Human beings (7)
21 He lives in a lamp (5)

Down

1 Tiled picture (6)
2 Split with a partner (5,2)
3 Only (6)
4 Apiece (4)
5 Wine sediment (4)
10 Goals (7)
12 Change into (6)
14 Intensely (6)
16 Digital picture format (inits) (4)
17 Painful toe problem (4)

Across
1 Circulates (11)
6 Burrow (6)
7 Leak slowly (4)
8 Biblical king of Judea (5)
11 Social trip, perhaps (5)
12 Uttered (5)
13 Prolonged pain (5)
17 Band travel, perhaps (4)
18 Choice (6)
19 Investigators (11)

Down
1 Relating to the Netherlands (5)
2 More reasonable (5)
3 Casually (4)
4 Reversing (7)
5 Version (7)
9 Investigate (7)
10 Acorn-bearing plant (3,4)
14 Small, green, oval fruit (5)
15 Jerks (5)
16 Tart (4)

Across

1 Persons in general (6)
4 Settled up (4)
6 Surrounded by (6)
7 Trick (4)
8 Angry mood (6)
11 Indian bread (4)
12 Hereditary unit (4)
13 Almost never (6)
16 Spouse (4)
17 Salt component (6)
18 Landlocked African country (4)
19 Without risk (6)

Down

1 Sow (5)
2 Poppy-derived narcotic (5)
3 Complex projects (11)
4 Associate (7)
5 Set up (7)
9 Ocular cleansing lotion (7)
10 Make-believe (7)
14 Cast out (5)
15 Delectable (5)

Across

4 Breaded snacks (10)
6 Guided (3)
7 Spluttering (8)
10 Recall past experiences (9)
11 Gradually collecting (8)
13 "The reigning king" (3)
14 Finds the product of two numbers (10)

Down

1 Ill-behaved (3)
2 Fostering (8)
3 "Go away!" (4)
4 A few more than a few (7)
5 Flag (3)
8 Three-sided shape (8)
9 Provokes (7)
11 Resin (3)
12 Car (4)
13 Gym unit (3)

Across

- **1** Purity (9)
- **8** Automaton (5)
- **9** Obvious (5)
- **10** Cuban capital (6)
- **12** Very similar (4)
- **14** Did rip (4)
- **15** A name formed from a name (6)
- **17** Feather (5)
- **18** Award (5)
- **20** Supposedly (9)

Down

- **2** Pen point (3)
- **3** Choosing (6)
- **4** Engrave (4)
- **5** Register at a hotel (5,2)
- **6** Very typical example (9)
- **7** Sends (9)
- **11** In effect, though not actually (7)
- **13** Highest point (6)
- **16** Viral sensation (4)
- **19** Afflict (3)

Across
3 Wide (5)
6 An Italian meal made from rice (7)
7 Toothed wheels (5)
8 Vends (5)
9 Some law degrees (abbr) (3)
11 Leaf pore (5)
13 Arm joint (5)
15 "I will return soon" (inits) (3)
18 Breezy (5)
19 Pick up (5)
20 Turns the mind (7)
21 Buckles (5)

Down
1 Least narrow (6)
2 Unit of electric charge (7)
3 Baffle (6)
4 Approve (4)
5 Plate (4)
10 Flow gates (7)
12 Stadia (6)
14 Peculiarity (6)
16 Dilatory (4)
17 Impartial (4)

Across
1 Sullenly (11)
7 Soccer target (4)
8 Less well off (6)
9 Attest (5)
10 Idols (5)
13 "Balderdash!" (2,3)
15 Worth (5)
17 One-off (6)
18 Small mountain lake (4)
19 Histrionics (11)

Down
2 A branch of biology (7)
3 Jinxed (7)
4 Printing error? (4)
5 Central body part (5)
6 Threads (5)
11 Disordered (7)
12 Impartial (7)
13 Climb onto (5)
14 Upper classes (5)
16 Grizzly or polar, eg (4)

Across

1 Upbeat (10)
5 Boutiques (5)
7 Theme (5)
9 Set of things working together (6)
10 Small songbird (4)
12 Extremely (4)
13 Building with historical exhibits (6)
16 Spoken (5)
17 Make a promise (5)
18 Particularly (10)

Down

1 Desert waterhole (5)
2 Expert (6)
3 Japanese wrestling (4)
4 Mediate (9)
6 Blocks (9)
8 Bog (3)
11 Mixed cereal breakfast (6)
12 Vivian, to her friends (3)
14 Compassion (5)
15 Run away (4)

Across

7 Genuinely (5)
8 Normal (5)
9 Own (7)
10 Data-rate metric (abbr) (3)
11 Boxed (5)
13 Coyly (5)
15 Goal (3)
17 Seems (7)
20 Sum of opposing die sides (5)
21 One before tenth (5)

Down

1 Web-server protocol (inits) (4)
2 Visitors (6)
3 Eight bits (4)
4 Breaks open (6)
5 Corm (4)
6 Slick (6)
11 Article (6)
12 Completely empties (6)
14 Has a desire (6)
16 Shift (4)
18 Held in (4)
19 Arty Manhattan district (4)

Across
1 Lack of knowledge (9)
8 Pimpled (5)
9 Adversary (5)
10 Keep (6)
12 Alcoholic drink (4)
14 Secluded corner (4)
15 Part of a larger group (6)
17 Black-and-white horse? (5)
18 Warms up (5)
20 Suggestions (9)

Down
2 Low-down (3)
3 Consecrate a priest (6)
4 Ethereal (4)
5 Larks about; frolics (7)
6 Sponsor (9)
7 Tiniest (9)
11 Row of on-screen buttons (7)
13 Dashes (6)
16 Inhale in shock (4)
19 Former Time Warner ISP (inits) (3)

Across

1 Cured animal skin (7)
5 Electoral campaign funding group (inits) (3)
7 Party invite request (inits) (3)
8 Marine crustacean (7)
9 Ardent (4)
10 Surroundings (6)
13 Fade with age (6)
14 Bright star (4)
16 Drilled petroleum site (3,4)
18 Treat with contempt (3)
19 Beer cask (3)
20 Type of songbird (7)

Down

1 Borrowed reading material (7,4)
2 Avoiding group interactions (7)
3 Saint's aura (4)
4 Bunny (6)
5 Cavity (3)
6 Powered cutting blade (8,3)
11 Neat and tidy (2,5)
12 Fans (6)
15 Appeal (4)
17 Heave (3)

174

Across
1 Entities (6)
4 Greek god of war (4)
8 Pinch (3)
9 Large cushion for sitting on (7)
10 Masters of ceremonies (5)
11 Custom (5)
13 Command (5)
15 Solemn bell ring (5)
17 Masculine pronoun (7)
19 Plant (3)
20 Mature (4)
21 Roam (6)

Down
1 Long, hard seat (5)
2 Enforced (7)
3 Taunts (5)
5 Mug (3)
6 Vision (5)
7 Eyeball protector (4)
12 Sanctified (7)
13 Autumnal color (5)
14 Lively folk dance (4)
15 Indian ground-meat ball (5)
16 Bring down (5)
18 Thick mass of hair (3)

Across

1 Baggage (7)
5 However (3)
7 Ghostly cry (3)
8 Sluggishness (7)
9 Showered (6)
10 Industrious insects (4)
13 Dawdles (4)
14 Dwarf tree (6)
16 Runaway (7)
18 Type of rodent (3)
19 Dark, salty sauce (3)
20 Taster (7)

Down

1 Literature and history, eg (7,4)
2 Incandescent (7)
3 Dwells (6)
4 Days before (4)
5 Cricketing essential (3)
6 Broadcast antenna (11)
11 Nose opening (7)
12 Underside (6)
15 Vehicles (4)
17 Could (3)

Across

1 Assent (10)
5 Toy named after Roosevelt (5)
7 Paper notes (5)
9 Give money back (6)
10 Sore; painful (4)
12 Stink (4)
13 Finis (3,3)
16 Fruit liquid (5)
17 Queues (5)
18 Concords (10)

Down

1 Make a change (5)
2 Handing over money (6)
3 Military force (4)
4 Confess (4,5)
6 Varying (9)
8 Timid (3)
11 Principal taxonomic category (6)
12 Sovereignty, in India (3)
14 Drug quantities (5)
15 Festival; celebration (4)

Across
1 Me (6)
6 Tuber (4)
7 Heath (4)
8 Thin wrapping sheet (6,5)
10 Dystopian (11)
13 Desensitize (4)
15 Ceremonial staff (4)
16 Reliable (6)

Down
1 Strength (5)
2 Director, Mendes (3)
3 Small, ornamental blue flower (6-2-3)
4 Play (5)
5 Duty rolls (7)
9 First (7)
11 Light-brown eye color (5)
12 Food product made by bees (5)
14 Coach (3)

Across
1 Like a movie (6)
4 Give in (4)
6 Mummify (6)
7 Midday (4)
8 Empty (6)
11 Mined rocks (4)
12 Champion (4)
13 Pulls the plug on (6)
16 Palestinian city (4)
17 Long-tailed crow (6)
18 Sleigh (4)
19 Cedes (6)

Down
1 Muscular tissue (5)
2 Defamatory publication (5)
3 No matter the result (4,4,3)
4 Briskly, in music (3,4)
5 Wild (7)
9 Generally (7)
10 Large spotted cat (7)
14 Repulse (5)
15 Stalks (5)

Across

1 Competitor; contributor (11)
6 Amount (6)
7 Plants seeds (4)
8 Drinking tube (5)
11 Lesser (5)
12 Male duck (5)
13 Spy (5)
17 Festivity (4)
18 Together (2,4)
19 Bullion deposits in a central bank (4,11)

Down

1 Kicks (5)
2 Hearsay (5)
3 Medieval peasant (4)
4 Mailing (7)
5 Maternity-ward baby (7)
9 Whirlwind (7)
10 Clumsy (7)
14 Go in (5)
15 Conical tent (5)
16 Liquid secreted by the liver (4)

Across

1 Founded (11)
7 Figures out (6)
8 Electronic alert sound (4)
9 Picks (4)
10 Crush (6)
13 Livestock pen (6)
16 Horse's foot (4)
17 Jump (4)
18 Bestows (6)
19 Circular music storage device (7,4)

Down

2 Late October star sign (7)
3 Counselor (7)
4 Tilts to one side (5)
5 Laughing animal (5)
6 Profoundness (5)
11 Not listened to (7)
12 Flattens out (7)
13 Severe abdominal pain (5)
14 Domain (5)
15 Reasoning (5)

181

Across
1 Not wanted (9)
8 Enter (5)
9 Provides money for (5)
10 Refuse receptacle (3,3)
12 Hello; goodbye (4)
14 Wrongful act, in law (4)
15 Assets (6)
17 Shaving blade (5)
18 Twelve (5)
20 Ken (9)

Down
2 Snooze (3)
3 Additions (6)
4 Sleeve end (4)
5 Humanity (7)
6 Calamities (9)
7 Classifying (9)
11 Skyline (7)
13 Clear a river bed (6)
16 Tie (4)
19 Sharp change of direction (3)

Across
1 Forfeit (9)
7 Managed (5)
8 Wash out with water (5)
10 Ogres (4)
11 Age (4,2)
14 Absolute truth (6)
15 Beam (4)
17 Warehouse (5)
19 Join (5)
20 Generous (9)

Down
2 Parts (7)
3 Traveled by horse (4)
4 Uproar (6)
5 Gyp (3)
6 Natural disaster (3,2,3)
9 Grew larger (8)
12 Frets (7)
13 Device for boiling water (6)
16 Deep hollow (4)
18 Joke (3)

Across
1 More drawn-out (6)
6 Dog (4)
7 Ills (4)
8 Coders (11)
10 Kill by electricity (11)
13 Religious women (4)
15 Long, thin indentation (4)
16 Overwhelms (6)

Down
1 Lull (5)
2 Novel (3)
3 Public eating places (11)
4 Creep and cringe (5)
5 To start with (2,5)
9 Pertains (7)
11 Clock's hourly sound (5)
12 Leaves (5)
14 Total (3)

Across

1 Anger at an inability to do something (11)
6 Cleans (6)
7 Dry (4)
8 Foot-operated lever (5)
11 Splotch (5)
12 Secret agents (5)
13 Large case (5)
17 Leaning Tower city (4)
18 Group of competing teams (6)
19 Fully glazed buildings (11)

Down

1 Lens opening setting (1-4)
2 Reversed (5)
3 Peril (4)
4 Farm vehicle (7)
5 View (7)
9 Less full (7)
10 Transparency film (7)
14 Impulses (5)
15 Retains (5)
16 Tedious and lengthy (4)

Across

1 Spoken dialects (11)
6 Game bird, ___ fowl (6)
7 Deride (4)
8 Pep; energy (3)
9 Eerie (6)
12 Duty (4)
13 Outer garment (4)
14 Mental health (6)
16 Acorn-bearing tree (3)
17 Knights (4)
18 The thing in question (6)
20 Unfriendly (3-8)

Down

1 Laze about (slang) (3)
2 Horned African animal (5)
3 Mad (5)
4 Poke fun at (7)
5 Enrol (7)
10 Incomplete (7)
11 Against (7)
14 Jumps a rope (5)
15 Thoughts (5)
19 Ate (3)

Across
3 Units (5)
6 Tedium (7)
7 First in excellence (5)
8 Loose (5)
9 Weep (3)
11 Tally (3,2)
13 High building (5)
15 Strand of rope (3)
18 Ill-suited (5)
19 Indian sauce dish (5)
20 Extract (7)
21 Buffet car (5)

Down
1 Heated to 212°F (6)
2 Tomato sauce (7)
3 Bring in from abroad (6)
4 Arab ruler (4)
5 Psychic (4)
10 Not so old (7)
12 Actor (6)
14 Anticipate (6)
16 Move fast, like clouds (4)
17 Husk remains (4)

187

Across
1 Inconsistent (3-2-4)
7 Metal pin (5)
8 Maxim (5)
10 Brood (4)
11 Sounds (6)
14 Olympic rewards (6)
15 Curves (4)
17 More secure (5)
19 Flared skirt type (1-4)
20 Flattening (9)

Down
2 Ill person (7)
3 Makes public (4)
4 Material wealth (6)
5 Convene (3)
6 Takes for granted (8)
9 Preoccupies (8)
12 From Belgrade, eg (7)
13 Christian service prayer (6)
16 Bathe (4)
18 Online answers (inits) (3)

188

Across

1 Four-way junction in the road (10)
5 Flow control (5)
7 Cutting light (5)
9 Rue (6)
10 Walked (4)
12 Having a liking for (4)
13 Canada's oldest city (6)
16 Acute (5)
17 Plague (5)
18 Keyboard device (10)

Down

1 Conceal (5)
2 Views (6)
3 Greasy (4)
4 Portrays (9)
6 Fabled (9)
8 Free (3)
11 Elastic material (6)
12 Video speed (inits) (3)
14 Provide food (5)
15 Fencing sword (4)

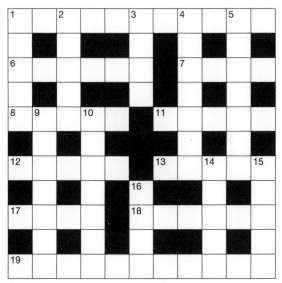

189

Across

1 Indicative (11)
6 Secure against possible loss (6)
7 Weapons (4)
8 Hard to please (5)
11 Sleeved outer garments (5)
12 Hirsute (5)
13 Member of a traveling people (5)
17 Andean capital (4)
18 Assault (6)
19 Small amounts (11)

Down

1 Firm (5)
2 Thin fogs (5)
3 Cattle (4)
4 Comparison (7)
5 Convicts (7)
9 Radioactive element (7)
10 Personal attendant (7)
14 Edible shrimplike crustacean (5)
15 Wooden frames for oxen (5)
16 Ashen (4)

190

Across
1 Duplicate piece of paper (9)
8 Stiff (5)
9 Baked dough (5)
10 Roasting bird (6)
12 Sandwich dressing (4)
14 Short nail (4)
15 Big-screen venue (6)
17 Turning point (5)
18 Quarrel (5)
20 Bits (9)

Down
2 Clasp tightly (3)
3 Cleaned (6)
4 A die, eg (4)
5 Get ready (7)
6 Model (9)
7 Champions (9)
11 Retrieve (7)
13 Corsair (6)
16 Hart (4)
19 Obtained (3)

Across

3 Barrier (3)
6 Originate (5)
7 Tolerate (5)
8 Fair (10)
14 Film (5)
15 Without any likelihood of success (10)
21 Leg-to-foot joint (5)
22 Slaver (5)
23 Eye sore (3)

Down

1 Duo (4)
2 Haughty, spoiled woman (4)
3 Post-diving pressure reduction (abbr) (4)
4 Mother (4)
5 Slay (4)
9 Age (5)
10 Reiterate (3,2)
11 Maritime (5)
12 Ales (5)
13 Oust (5)
16 Like some wines (4)
17 Sees (4)
18 Whirling mist (4)
19 Spill (4)
20 Cry out (4)

192

Across
3 Not suitable (5)
6 Seat with storage within (7)
7 Faith (5)
8 Domestic cat (5)
9 Digger brand (inits) (3)
11 Mayhem (5)
13 Tidily kept (5)
15 Ear substance (3)
18 Shoe bottoms (5)
19 Part of an egg (5)
20 Intervening time (7)
21 Dark color (5)

Down
1 Layers of rock (6)
2 Of little intellectual interest (7)
3 Loosen a shirt, perhaps (6)
4 Ongoing argument (4)
5 Small songbirds (4)
10 Changes into (7)
12 Collapse (4-2)
14 Add to the start (6)
16 Medical lab specimen (4)
17 Storage tower (4)

Across

1 Piercing (11)
7 Code word for "Z" (4)
8 Diversion (6)
9 Quality beef cut (5)
10 Histories (5)
13 Liberates (5)
15 Pixie (5)
17 Prone (6)
18 Tall water grass (4)
19 Extremely happy (4,3,4)

Down

2 Earth's midriff? (7)
3 Teach (7)
4 Purges (4)
5 Popular heroes (5)
6 Makes (5)
11 Set of rearranged letters (7)
12 Underwater missile (7)
13 Individual leaf of paper (5)
14 Uplift (5)
16 Lock together (4)

$$\boxed{194}$$

Across

1 Endured (6)
6 City in Homeric legend (4)
7 Fragments (4)
8 Urgently (11)
10 Reputation (11)
13 Bound (4)
15 Penalty (4)
16 Soak (6)

Down

1 Enjoyed (5)
2 Weep (3)
3 Gave out (11)
4 Gimmick (5)
5 Pamphlet (7)
9 Europe and Asia combined (7)
11 Specific days (5)
12 Young person (5)
14 Clangor (3)

Across

1 Arable (10)
5 Leaves of a book (5)
7 Wall section (5)
9 Sofa (6)
10 Gaelic language (4)
12 Benefit (4)
13 Borders (6)
16 Chicken noise (5)
17 Ballroom dance (5)
18 The biological study of life processes (10)

Down

1 Water tubes (5)
2 Unobserved (6)
3 Waiter's bonuses (4)
4 Defacing of property, eg (9)
6 Experience (2,7)
8 Slack (3)
11 Debacle (6)
12 Photograph (3)
14 Wobbly (5)
15 Snow blades (4)

Across

1 Harmonious (9)
8 Quick (5)
9 Does not include (5)
10 Long-legged wading bird (6)
12 Bestow (4)
14 Divides (4)
15 100 centimos (6)
17 Grasp (5)
18 Focused (5)
20 Test (9)

Down

2 "I agree!" (3)
3 Cushioned (6)
4 Nighttime birds (4)
5 Slant (7)
6 Transmit (9)
7 Concerning (2,7)
11 Large, flightless bird (7)
13 "Mind out" (6)
16 Back part of the foot (4)
19 Big cup (3)

Across

3 Plunges into water (5)
6 Family moniker (7)
7 Viking (5)
8 Heavily built (5)
9 Caterwaul (3)
11 Dogma (5)
13 Imbibed (5)
15 Arid (3)
18 Vapor (5)
19 Keyboard instrument (5)
20 Publishing essential (7)
21 Periods (5)

Down

1 Not obvious (6)
2 Guaranteed (7)
3 Refused (6)
4 Alter (4)
5 Noticed (4)
10 Prose (7)
12 Soldiers (6)
14 Closer (6)
16 Expectorated (4)
17 Injury (4)

Across
1 Benefit (9)
7 Elector (5)
8 First Greek letter (5)
10 Den (4)
11 Vast (6)
14 Take in (6)
15 Journey (4)
17 Vacant (5)
19 Maxim (5)
20 Flags (9)

Down
2 Information (7)
3 Spiritual glow (4)
4 Brewing crockery (6)
5 Break (3)
6 Assess (8)
9 Consented (8)
12 Part person, part fish (7)
13 Wax drawing stick (6)
16 Long story (4)
18 Animal kept at home (3)

$$\boxed{199}$$

Across

4 Transcriptions (10)
6 Internet (3)
7 Rectangle-based graph (3,5)
10 Boundless (9)
11 Hard copy (8)
13 Online aside (inits) (3)
14 Nominees (10)

Down

1 It has 28 days (abbr) (3)
2 Plant specialist (8)
3 Drawing near (4)
4 Usual (7)
5 Posed (3)
8 Type of mobile phone system (8)
9 Hotel complexes (7)
11 Chest muscle (3)
12 Dozes (4)
13 Sea bottom (3)

Across
1 Changes (10)
5 Open sore (5)
7 Colossus (5)
9 Manage (6)
10 Explosive munition (4)
12 Believe (4)
13 Import duty (6)
16 Flavor (5)
17 Equipped (5)
18 Linked (10)

Down
1 Honesty (5)
2 Parchment document (6)
3 Solemn promise (4)
4 Protestant denomination (9)
6 Shortens (9)
8 Crux (3)
11 Its capital is Honolulu (6)
12 Speck (3)
14 Washed out (5)
15 Note (4)

Across

1 Extreme opponent (9)
8 Fanatical (5)
9 Joins (5)
10 Keyboard writing (6)
12 Solemn act (4)
14 Prompts (4)
15 Very small (6)
17 Metalworker (5)
18 Italian baked dough dish (5)
20 Debasing (9)

Down

2 Meat cut (3)
3 Concealing (6)
4 Invalid (4)
5 Repairing (7)
6 Disapproval (9)
7 Required (9)
11 Exact (7)
13 Tore (6)
16 Singer once married to Sonny Bono (4)
19 Buddhist sect (3)

Across
1 Nonexistence (11)
6 Musical dramas (6)
7 Eve's opposite (4)
8 Complete (5)
11 Worked steadily, as in a trade (5)
12 Ramp (5)
13 Celtic language (5)
17 Narcotic sedative drink (4)
18 Model used for testing (4-2)
19 National ruling bodies (11)

Down
1 Snare (5)
2 In that place (5)
3 Snug retreat (4)
4 More spry (7)
5 Studies (7)
9 Lava emitter (7)
10 Supersede (7)
14 Make permanent (3,2)
15 Aspirations (5)
16 Augury (4)

$$\boxed{203}$$

Across

1 Inhabitants (6)
6 Chopped (4)
7 Information (4)
8 Measurement in farads (11)
10 Exemplifies (11)
13 Hair arranger (4)
15 Move swiftly and quickly (4)
16 Portable climbing frame (6)

Down

1 Shade of violet (5)
2 Cattle chew it (3)
3 Based on counts (11)
4 Chip dip (5)
5 Car or airplane (7)
9 In total (3,4)
11 Oneness (5)
12 Drunken woodland god (5)
14 Chum (3)

Across
1 Bracket (11)
7 Founder of the Holy Roman Empire (4)
8 Distilled alcohol (6)
9 Jack (5)
10 Common black tea (5)
13 Pants measurement (5)
15 Prophet (5)
17 Parentless child (6)
18 Money to avoid jail (4)
19 Educated (11)

Down
2 Receiver (7)
3 Develops (7)
4 Bridge charge (4)
5 Spirits (5)
6 Antitoxin (5)
11 Short facial hairs (7)
12 Personally offensive (7)
13 Belonging to which person? (5)
14 Drive; urge (5)
16 Egyptian cross (4)

205

Across

7 Portion (5)
8 Wished (5)
9 Partitions (7)
10 Dunk (3)
11 Yielded (5)
13 Reduces speed (5)
15 Vehicle type for British roads (inits) (3)
17 Screenplays (7)
20 Devotee (5)
21 Glue (5)

Down

1 Tater (4)
2 Lifted with great effort (6)
3 Give food to (4)
4 Pursues (6)
5 Copied (4)
6 Adjusts (6)
11 Orbit (6)
12 Barren place (6)
14 Refute (6)
16 Bird of peace (4)
18 Thick cord (4)
19 Raced (4)

Across

1 Synchronize (10)
5 Implements (5)
7 Filthy (5)
9 Motivated (6)
10 Powdery cloud-fall (4)
12 Jar for holding flowers (4)
13 Offhand (6)
16 Shut (5)
17 Siren (5)
18 Companions (10)

Down

1 Referenced (5)
2 Ran (6)
3 Graph point (4)
4 Very large spider (9)
6 Oversights (9)
8 Move from side to side (3)
11 Italian sausage variety (6)
12 1980s computer, ___ 20 (3)
14 Swellings (5)
15 Major toy company (4)

Across
1 Better than (1,3,5)
7 Poetry (5)
8 Repeat in summary (5)
10 Sudden attack (4)
11 Dusk (6)
14 Imitated (6)
15 Grape plant (4)
17 Not drunk (5)
19 Be alive (5)
20 Compendium book (9)

Down
2 Meat-and-vegetable pasty type (7)
3 Hike (4)
4 Make very angry (4,2)
5 Hoover (abbr) (3)
6 Abroad (8)
9 Doctors' clients (8)
12 Carving (7)
13 Fireside (6)
16 Basic unit of a living organism (4)
18 Round bread roll (3)

208

Across
1 Drug bust, perhaps (9)
8 Intersection points (5)
9 Watery mist (5)
10 Leveled (6)
12 Flat, hollow bread (4)
14 "Dash!" (4)
15 Least inhibited (6)
17 Song of triumph (5)
18 Cured meat from a pig (5)
20 Weedkiller (9)

Down
2 Helmet-mounted screen (inits) (3)
3 Touched with the lips (6)
4 Fine, dry powder (4)
5 Combat period (7)
6 Butt in (9)
7 Excessively complicated (9)
11 Outer limit (7)
13 Egyptian language (6)
16 Elitist (4)
19 Knave (3)

Across
1 Pain-relief needle technique (11)
7 Martial art (4)
8 Men's hairdresser (6)
9 Rouses (5)
10 Unite (5)
13 God or goddess (5)
15 Cancel (5)
17 Fit to consume (6)
18 Depend (4)
19 Having measurable length (11)

Down
2 Bravery (7)
3 Objection (7)
4 Catches red-handed (4)
5 Dark-brown pigment (5)
6 Spooky (5)
11 Official trade ban (7)
12 Ape (7)
13 Fear greatly (5)
14 Expression (5)
16 Low, marshy lands (4)

Across

7 Maltreat (5)
8 Run away (5)
9 Trip (7)
10 Boy (3)
11 More adept (5)
13 Recorded (5)
15 Swear (3)
17 Plasters, as in a wall (7)
20 Lucifer (5)
21 Robot (5)

Down

1 Bundles of money (4)
2 Reciprocal (6)
3 Action word (4)
4 Dislike (6)
5 Cook in water (4)
6 Repaired (6)
11 Counsel (6)
12 Eager (6)
14 Spanish rice dish (6)
16 Unit of power (4)
18 Complains incessantly (4)
19 A few (4)

Across

1 Portable stationery container (6,4)
5 Schedule (5)
7 Woolly ruminant (5)
9 Steady (6)
10 Bird limb (4)
12 Fit of anger (4)
13 Opposite (6)
16 Small, furry rodent (5)
17 Unaffiliated record label (5)
18 Barbarities (10)

Down

1 Green strokes (5)
2 Paragons (6)
3 Weighted weapon (4)
4 Defined (9)
6 Be successful (4,5)
8 Dwarf breed of dog (3)
11 Sports trading cards company (6)
12 That man (3)
14 Estimate (5)
15 Showreel (4)

Across

4 Relating to living organisms (10)
6 Project (3)
7 Occurred (8)
10 Merge together (9)
11 Arrows (8)
13 "Look over here!" (3)
14 Rules of thumb (10)

Down

1 Equipment (3)
2 Most lucid (8)
3 Bog (4)
4 Filled tortilla (7)
5 Top (3)
8 Picture orientation (8)
9 Foes (7)
11 Hog (3)
12 Without clothing (4)
13 Cloth edge (3)

213

Across
1 Circus site (3,3)
6 Glance (4)
7 Most excellent (4)
8 State of balance (11)
10 Not even vaguely close (7,4)
13 Listen to (4)
15 Cozy (4)
16 Ruler (6)

Down
1 Emblem (5)
2 Chatter (3)
3 Relating to government by men (11)
4 Knock over (5)
5 Chemical symbols equation (7)
9 Citing (7)
11 Boundary shrubs (5)
12 Send on (5)
14 Long, thin stick (3)

Across
1 Cease business (5,4)
7 Following on behind (2,3)
8 A decimal division (5)
10 Not us (4)
11 Carpentry wood (6)
14 Rappel (6)
15 Tap dancer, Astaire (4)
17 Drying cloth (5)
19 Cloaks (5)
20 Lawyers (9)

Down
2 Mail (7)
3 Seamed (4)
4 Feature (6)
5 Victory (3)
6 Perturb (8)
9 Computer storage unit (4,4)
12 Former Saracen Africa (7)
13 "I'll make it happen" (4,2)
16 Same-aged sibling (4)
18 Joker (3)

215

Across

1 Based on a set of beliefs (11)
7 Thwart (4)
8 Inclined (6)
9 *The Simpsons* mother (5)
10 Not these (5)
13 Analyze a sentence (5)
15 Upright (2,3)
17 Profession (6)
18 Father (4)
19 Nostalgic (11)

Down

2 Model landscape scene (7)
3 Does as requested (7)
4 Type of paint (4)
5 Central African river (5)
6 Cabin (5)
11 Interactive (5-2)
12 Spanish punch (7)
13 Sets of cards (5)
14 Perform again (5)
16 Small shot of spirits (4)

Across
1 Tried to catch cod, eg (6)
4 Again (4)
6 Astrological bull (6)
7 Be unsuccessful (4)
8 The top of a page (6)
11 Endearingly pretty (4)
12 Marries (4)
13 Elapses (6)
16 London drama school (inits) (4)
17 Internal (6)
18 Air duct (4)
19 Works of fiction (6)

Down
1 Go and get (5)
2 Hot steam room (5)
3 Report (11)
4 Influences (7)
5 Biblical letter (7)
9 Examine up close (7)
10 Illness (7)
14 Malice (5)
15 Looks for (5)

217

Across

7 Accolade (5)
8 Enlighten (5)
9 Flooded (7)
10 Rabble (3)
11 Behaved (5)
13 Large wall painting (5)
15 Joke (3)
17 Biblical king of Israel (7)
20 Ghost (5)
21 Element with atomic number 5 (5)

Down

1 Not that, but ___ (4)
2 Unbroken (6)
3 Clench (4)
4 Rarely (6)
5 Company (4)
6 Brass, platelike instrument (6)
11 Eighth month (6)
12 Rushes (6)
14 Comment (6)
16 Cog (4)
18 Science rooms (4)
19 Three squared (4)

Across

1 With respect to money (11)
6 Exaggerate (6)
7 Circular-based geometric solid (4)
8 Secret meeting (5)
11 Biochemical test (5)
12 Small branch (5)
13 Stranger (5)
17 Portent (4)
18 Historical Spanish fleet (6)
19 Small fire-lighting stick (6,5)

Down

1 Hover (5)
2 Very poor (5)
3 Codger (4)
4 Defendant (7)
5 Connection (7)
9 Exact copy (7)
10 Biology, eg (7)
14 Outline drawing (5)
15 Arrive at (5)
16 A large number of (4)

Across
3 Blood-filter organ (5)
6 Kingston's island (7)
7 Called (5)
8 Correspond (5)
9 European politician (inits) (3)
11 Turnabout (5)
13 Discourage (5)
15 Exceed (3)
18 Sneering (5)
19 Path (5)
20 Change direction (7)
21 Exhausts through lack of interest (5)

Down
1 Bone filling (6)
2 Quickest (7)
3 Came ashore (6)
4 Temptress (4)
5 *This Is 40* actor, Paul (4)
10 Tiny amount of money (7)
12 Tall, narrow buildings (6)
14 Firstborn (6)
16 Thrash (4)
17 Cat sound (4)

Across
1 Camera image (10)
5 Confuse (5)
7 Consecrate (5)
9 Filters (6)
10 Hoodwink (4)
12 Shrub (4)
13 Unassuming (6)
16 Cover with cloth (5)
17 Loud, jarring sound (5)
18 Falling share prices (4,6)

Down
1 Building schematics (5)
2 Complied (6)
3 They might be spare, in a meal (4)
4 Wonders (9)
6 The universe beyond the Earth's atmosphere (4,5)
8 Half a dozen (3)
11 "You fell for it!" (6)
12 Offer (3)
14 Taut (5)
15 Apple relative (4)

Across
1 Working together (11)
7 Nix (4)
8 Young (6)
9 Cholesterol, eg (5)
10 Potatoes and rice (5)
13 Stared at longingly (5)
15 Brusque (5)
17 However (6)
18 C in CMYK (4)
19 Surrender (11)

Down
2 Gap (7)
3 Supply (7)
4 Drum volley (4)
5 Entomb (5)
6 Musts (5)
11 Small, peachlike fruit (7)
12 Large wild ox (7)
13 External (5)
14 Towers (5)
16 Between knee and ankle (4)

Across

7 Not asleep (5)
8 Incident (5)
9 Specialists (7)
10 Earned (3)
11 Had enough; frustrated (3,2)
13 Geeks (5)
15 Faucet (3)
17 Dearest (7)
20 Relating to the kidneys (5)
21 Dug up (5)

Down

1 Have the courage (4)
2 Translated, mathematically (6)
3 Doe and roe, eg (4)
4 Winter, eg (6)
5 Cat sound (4)
6 Small pieces of rock (6)
11 The time ahead (6)
12 Small stone (6)
14 Crazy; incoherent (6)
16 Beer measure (4)
18 Green citrus fruit (4)
19 Fellow (4)

Across

1 Language spoken in Djibouti (6)
6 Police (4)
7 Departed (4)
8 Without much thought (11)
10 Crusading (11)
13 Top of a bottle (4)
15 Waiter's carrier (4)
16 Ready to fire (6)

Down

1 Artillery burst (5)
2 Cut the lawn (3)
3 Willful (11)
4 A fright (5)
5 Twentieth Greek letter (7)
9 Extended article (7)
11 Asks for help (5)
12 Sentry (5)
14 Tease (3)

224

Across
3 Agitated (5)
6 Most prying (7)
7 Assists in wrongdoing (5)
8 Bird limbs (5)
9 Punt (3)
11 Hurl (5)
13 Bog (5)
15 Peak (3)
18 Deprive (5)
19 Cutting tool (5)
20 Rejuvenated (7)
21 Capital of Tunisia (5)

Down
1 Burnish (6)
2 Realm (7)
3 Gazes fixedly (6)
4 Cooking range (4)
5 Loving lip touch (4)
10 Tremulous bird chirp (7)
12 Irrigates (6)
14 Posted (6)
16 Sketch (4)
17 Pottery furnace (4)

Across

1 Deprived area with crude dwellings (6,4)
5 Waddling waterbirds (5)
7 Unite (5)
9 Chauffeur (6)
10 Fluid movement (4)
12 Homeless child (4)
13 Complete (6)
16 Flower used for making chains (5)
17 Accessory device (3-2)
18 Modern devices (10)

Down

1 Edged (5)
2 Chucked (6)
3 Stretched tight (4)
4 Tornado (9)
6 Scold (9)
8 Archery wood (3)
11 Japanese emperor (6)
12 Marry (3)
14 Useful (5)
15 Legend (4)

Across

1 Rebuke (5,4)
8 Wrath (5)
9 Endured (5)
10 Treat poorly (6)
12 Poultry pen (4)
14 Speech defect (4)
15 Electronic investigator (6)
17 Ignoramus (5)
18 More pleasant (5)
20 Size (9)

Down

2 Bond's Moore, in brief? (3)
3 Strain (6)
4 Pats with cloth (4)
5 Sorcerer (7)
6 Citrus fruit preserve (9)
7 Not permanent (9)
11 Woman in the Book of Daniel (7)
13 Is unable to (6)
16 Cruel (4)
19 Spanish hero, El ___ (3)

Across

1 Game console operators (11)
6 Help (6)
7 Snitched (4)
8 Audio receiver (5)
11 Elects (5)
12 Aids (5)
13 Listing (5)
17 Apple seeds (4)
18 Deed (6)
19 Store vendor (11)

Down

1 Seat (5)
2 Pried (5)
3 Type of grain (4)
4 Disappoint (3,4)
5 Soothe (7)
9 The United States (7)
10 Deadlock (7)
14 Dribbles (5)
15 Noble gas (5)
16 Yellow jacket (4)

228

Across
1 Need (11)
7 Clothed (4)
8 Awful (6)
9 Sputters (5)
10 Hurried (5)
13 All set (5)
15 Debris (5)
17 Lackey (6)
18 Comet trail (4)
19 Connecting (11)

Down
2 Surpass (7)
3 Revised (7)
4 Wheel furrows (4)
5 Borders (5)
6 Sticky (5)
11 Marine (7)
12 Stress (7)
13 Hindu saint (5)
14 Assume (5)
16 Complaint (4)

229

Across
1 Stargazer (10)
7 Bigger (6)
8 Gym count (4)
9 Sorceress (5)
11 Concluding competition (5)
13 Online one-to-ones (5)
14 Common European viper (5)
16 Iranian king (4)
18 Disputed (6)
20 Advocate of small government (10)

Down
2 Mexican language (7)
3 Small carpet (3)
4 "Not a single," poetically (4)
5 Wed (7)
6 Knock quickly (3)
10 Become popular (5,2)
12 Never dating (7)
15 Agricultural holding (4)
17 Cooked pig's meat (3)
19 Lass (3)

Across
1 Clumsy (10)
5 Head monk (5)
7 Thrills (5)
9 Gain (6)
10 Bring bad luck on (4)
12 Big puddle (4)
13 Pressing (6)
16 Glass vessel (5)
17 Customer (5)
18 Data science (10)

Down
1 Restrict (5)
2 Imply (6)
3 Behalf (4)
4 Mechanical devices (9)
6 One who studies living things (9)
8 Big-band instrument (3)
11 Clans (6)
12 Small bang (3)
14 Twists (5)
15 A long cut (4)

Across

1 Sports (5)
4 Combat engagement (5)
7 Less complex (7)
8 Veto (3)
9 Flawed (9)
13 Administrative regions (9)
17 Pallid (3)
18 Conjured up (7)
20 Jobs (5)
21 Jettisons (5)

Down

1 Rumor (6)
2 Female parent (3)
3 Relating to the sun (5)
4 Comedy (5)
5 Hereditary (7)
6 Written material (4)
10 Nitpickers (7)
11 Hale (3)
12 Digressions (6)
14 Business clothes (5)
15 Spouted gibberish (5)
16 Silly person (4)
19 Kipling novel (3)

Across
1 Spectacular (11)
6 Receipts (6)
7 Limping (4)
8 Untidy (5)
11 Not yet written on (5)
12 Disgrace (5)
13 Kid (5)
17 Mosquito (4)
18 Yearly (6)
19 Forever (11)

Down
1 Abhorrence (5)
2 Small nails (5)
3 Summit (4)
4 Biblical betrayer (7)
5 Titular (7)
9 Improve (7)
10 Medical indicator (7)
14 Eskimo (5)
15 Rolling camera platform (5)
16 Futile (4)

Across

1 Sake (6)
6 Pile (4)
7 Swami (4)
8 Restoring (11)
10 Chance occurrence (11)
13 Projecting front part (4)
15 Ripped (4)
16 Hospital carers (6)

Down

1 Pugilist (5)
2 Crone (3)
3 Cartridge-based writing tool (8,3)
4 Move train carriages about (5)
5 Demonic (7)
9 Gradual destruction (7)
11 Name words (5)
12 Amends (5)
14 Existed (3)

234

Across

7 Rustic (5)
8 Signs up (5)
9 Calamity (7)
10 Hound (3)
11 Combined militaries (5,6)
12 Amusement (3)
13 Potential problem (7)
16 Office record keeper (5)
17 Daffodil corms (5)

Down

1 "Curses!" (4)
2 Liberal; tolerant (5-6)
3 Sheet of ice (4)
4 Watery part of milk (4)
5 Foreseeable (11)
6 Habitual practices (6)
11 Influence (6)
13 Historical infantry weapon (4)
14 Bass trumpet (4)
15 Defeat (4)

235

Across

3 Rescues (5)
6 Extend (7)
7 "The Hunter" constellation (5)
8 Massage (5)
9 Mountain peak (3)
11 Ledge (5)
13 Scoundrel (5)
15 Haul (3)
18 Bad deeds (5)
19 Established truth (5)
20 Property location (7)
21 Place to stay overnight (5)

Down

1 Stop the flow of blood (6)
2 Fail to fulfill an obligation (7)
3 Rainfall (6)
4 Empty space (4)
5 Was submerged (4)
10 To a low degree (3,4)
12 Ceremonial (6)
14 Except if (6)
16 Nasty cut (4)
17 Wither (4)

Across

1 Top-quality (5-5)
5 Slip-up (5)
7 Animal (5)
9 Allows entry (6)
10 Bloke (4)
12 Drop down (4)
13 Purify (6)
16 Salt water (5)
17 Calm (5)
18 Secondary results (2-8)

Down

1 Gent (5)
2 Result of a negotiation (6)
3 Division of the brain (4)
4 Long, stringy pasta (9)
6 Self-important display (9)
8 Apex (3)
11 Omitted (6)
12 Falsehood (3)
14 Tumbles (5)
15 Erode (4)

237

Across

7 Hebrew "A" (5)
8 Bracing, weatherwise (5)
9 Fail as a business (2,5)
10 Put on (3)
11 Culinary herb (5)
13 Unhappily (5)
15 Trendy (3)
17 Deny (7)
20 Military unit (5)
21 Evaluated (5)

Down

1 Crooned (4)
2 Concert sites (6)
3 A simple wooden structure (4)
4 Terrifies (6)
5 Posterior (4)
6 Publicly (6)
11 Personal request (6)
12 Pretentious (2-2-2)
14 Dedicate (6)
16 Biblical apostle (4)
18 Agile (4)
19 Walk through water (4)

Across
1 Assigning (11)
7 Untruths (4)
8 Option (6)
9 Mortal (5)
10 Despised (5)
13 Closes (5)
15 Faithful (5)
17 Shine brightly and obscure sight (6)
18 Legatee (4)
19 Large food store (11)

Down
2 Tomb inscription (7)
3 Moment (7)
4 Bow notch (4)
5 Simpleton (5)
6 Avarice (5)
11 One more (7)
12 Scrutinize (7)
13 Teams (5)
14 Unfasten (5)
16 Abound (4)

239

Across
1 Outdoor meal (6)
6 Harbor (4)
7 Dad (4)
8 Limiting (11)
10 Made to order (6-5)
13 Rich dandy (4)
15 Snick (4)
16 Matters (6)

Down
1 Arctic, eg (5)
2 Cover over (3)
3 With a compelling charm (11)
4 Gush forth (5)
5 Coming (7)
9 Avoiding, as in danger (7)
11 Stumbles (5)
12 Informs (5)
14 Enthusiast (3)

Across

3 Mend (5)
6 Eternally (7)
7 Hip bone (5)
8 Hand to forearm joint (5)
9 Electronic audio editing (inits) (3)
11 Bulge (5)
13 Dense (5)
15 Handful (3)
18 Duos (5)
19 Giggle (5)
20 Claims (7)
21 Ethical (5)

Down

1 Grief (6)
2 That woman, personally (7)
3 Vicar (6)
4 Short, thin branch (4)
5 Bee sounds (4)
10 Worded (7)
12 Deadly (6)
14 Spiraled (6)
16 Shut with great force (4)
17 Prickly seed case (4)

Across
1 Make easier (10)
5 Bluff (5)
7 Smash (5)
9 Second-place medal (6)
10 Smile (4)
12 Large basin (4)
13 Flog (6)
16 Fruit used for making wine (5)
17 Selfish person (5)
18 Fortified (10)

Down
1 Concentrate (5)
2 Hoisted (6)
3 Basins (4)
4 Amusement ground (5,4)
6 Nervous (3,2,4)
8 *Sound of Music* actress, Karath (3)
11 Slum area (6)
12 Plead (3)
14 Employed (5)
15 Luc Besson movie (4)

Across
- **7** Extent (5)
- **8** A gonad, medically (5)
- **9** Followed (7)
- **10** Groovy (3)
- **11** Suddenly changes course (5)
- **13** Draw out (5)
- **15** Label (3)
- **17** Sunshade (7)
- **20** At no time (5)
- **21** Action words (5)

Down
- **1** Spoiled child (4)
- **2** Employ (6)
- **3** Bargain (4)
- **4** Walk like a baby (6)
- **5** Fishing spear (4)
- **6** Farewell (3-3)
- **11** Electing (6)
- **12** Magnificent (6)
- **14** Dubious (6)
- **16** Donated (4)
- **18** Rant (4)
- **19** To avoid the risk that (4)

243

Across
4 Held back (10)
6 Storage container (3)
7 Propensity (8)
10 Small orangelike fruit (9)
11 Observing (8)
13 Zip (3)
14 Menaced (10)

Down
1 Jennifer, familiarly (3)
2 For a long time (2,6)
3 Tube (4)
4 Type of soft cheese (7)
5 Home decorating (inits) (3)
8 Mad (8)
9 Washed (7)
11 Rainy (3)
12 Masticate (4)
13 Church seat (3)

Across

1 Programming (6)
6 Ache (4)
7 Thorn (4)
8 Financial obligations (11)
10 Stretchable (11)
13 Grave (4)
15 Narrow road (4)
16 Trap (6)

Down

1 Business computer-language (inits) (5)
2 When you were born (inits) (3)
3 Fly into a rage (2,9)
4 Rend (5)
5 From Thailand (7)
9 Not lawful (7)
11 Locates (5)
12 Benefactor (5)
14 Forbid (3)

245

Across

3 Pains (5)
6 Flowering plant grown as fodder (7)
7 Soup spoon (5)
8 Perfect interval, in music (5)
9 End of a proof (inits) (3)
11 Smell (5)
13 Calls (5)
15 Cunning person (3)
18 Lift (5)
19 Provide with weapons again (5)
20 Attempted to enroll (7)
21 Massive (5)

Down

1 England, in bygone days (6)
2 Unfasten a boat (4,3)
3 Stopped (6)
4 Axles (4)
5 Launches legal proceedings against (4)
10 Handicap (7)
12 Visual appearance (6)
14 Reduce (6)
16 Boast (4)
17 Kanji counterpart (4)

246

Across
1 Rude (3-8)
7 Religious song (4)
8 Space free of matter (6)
9 Disparages (5)
10 Tidy up (5)
13 Traditional stories (5)
15 Spanish snacks (5)
17 Evening wear (6)
18 Remove fat from milk (4)
19 Confining (11)

Down
2 Faithfulness (7)
3 Sovereign (7)
4 Central church area (4)
5 Apply again (5)
6 Evil spirit (5)
11 Contact (7)
12 Middle-Eastern horse (7)
13 Unit of length (5)
14 Rates (5)
16 Roman drape (4)

Across

1 Communal (6)
4 Happening right now (4)
6 Flow (6)
7 Shoe bottom (4)
8 Bleak (6)
11 Chew like a beaver (4)
12 Genuine; authentic (4)
13 Pursued (6)
16 Gospel author (4)
17 Become fond of (4,2)
18 Top ratings? (4)
19 Resolve (6)

Down

1 Sat (5)
2 Sun injuries (5)
3 Makes more difficult (11)
4 Layered Italian dish (7)
5 Electromotive force (7)
9 Add in (7)
10 Female parents (7)
14 Used a broom (5)
15 Horde (5)

248

Across
1 Over a great distance (3,3,4)
5 Type of waterbird (5)
7 Postpone (5)
9 Noise (6)
10 Side (4)
12 Horse of mixed color (4)
13 Cooking in oil (6)
16 Interference pattern (5)
17 Conscious (5)
18 Combative (10)

Down
1 Not as many (5)
2 Anxiety (6)
3 Thick (4)
4 Hedonism (5,4)
6 Stating (9)
8 "Delicious!" (3)
11 Fears (6)
12 Alcoholic liquor (3)
14 Diving bird (5)
15 Sly look (4)

249

Across
4 Hide (2,2,6)
6 Irk (3)
7 Gathering (8)
10 Emission (9)
11 Promoting (8)
13 Outer edge (3)
14 Tactful (10)

Down
1 Container (3)
2 Bragging (8)
3 Ode (4)
4 All-purpose (7)
5 Period of 24 hours (3)
8 Finnic language (8)
9 Nutcase (7)
11 Doctorate (abbr) (3)
12 Jellylike substances (4)
13 Shred (3)

250

Across
- **1** Ink spot (4)
- **4** Clock's "tick" counterpart (4)
- **7** In what way? (3)
- **9** Unclear (5)
- **10** Having hearing organs (5)
- **11** Biblical book (4)
- **12** Develop over time (6)
- **14** Place of business (6)
- **16** Cavities enclosed by a membrane (4)
- **19** River mouth (5)
- **20** Fourth month (5)
- **21** Flower container (3)
- **22** Cheats (4)
- **23** Soft, fine natural fiber (4)

Down
- **2** Pale (5)
- **3** Afterwards (4)
- **4** Dozen (6)
- **5** Christmas hymn (5)
- **6** Puts too much into (9)
- **8** Detrimentally (9)
- **13** Junks (6)
- **15** Entirely (5)
- **17** Of hearing (5)
- **18** Felines (4)

Across
1 Parent's paternal parent (11)
7 Narrow strip of wood (4)
8 Type of fuel (6)
9 Timepiece (5)
10 Inquiry (5)
13 Banquet (5)
15 Little song (5)
17 Fantasy perfection (6)
18 Parabolic arch (4)
19 Destroy (11)

Down
2 Free (7)
3 Observes (7)
4 Become dim (4)
5 Speed (5)
6 Make a comeback (5)
11 Mythical one-horned animal (7)
12 Pull back (7)
13 Wind instrument (5)
14 Circa (5)
16 Salve (4)

Across

1 Flexible compromise (4,3,4)
6 Omitting (6)
7 Segments of the week (4)
8 "Upward" compass point (5)
11 Schemes (5)
12 Pile (5)
13 Trading name (5)
17 Coffee (4)
18 Inuit (6)
19 Divisions (11)

Down

1 Color for "go" (5)
2 Cleric (5)
3 Crazy (4)
4 Young child (7)
5 Noble gas used in lasers (7)
9 Appalling act (7)
10 Type of keyboard composition (7)
14 Extraterrestrial (5)
15 Condemns (5)
16 What vegetarians won't eat (4)

Across
1 Management (11)
7 Discovers (6)
8 Island dance (4)
9 Mess (4)
10 Fume (6)
13 Salt counterpart (6)
16 Carried (4)
17 Edges (4)
18 Unification (6)
19 Sacrificing your own needs (4-7)

Down
2 Adolescent (7)
3 Combat vessel (7)
4 Ascends (5)
5 Hangout (5)
6 Quiet; calm (5)
11 Mission (7)
12 Whaling spear (7)
13 Tropical trees (5)
14 Trainee (5)
15 Gun (5)

Across

7 Contemptible person (5)
8 Embarrass (5)
9 Input (7)
10 Tap something gently (3)
11 Of lower quality (5)
13 Messes (5)
15 Blast (3)
17 Surpasses (7)
20 Respond (5)
21 Style of dress (5)

Down

1 Adhesive (4)
2 Stringed musical instrument (6)
3 Taunt (4)
4 Haphazard (6)
5 Moist (4)
6 Uncolored laundry (6)
11 Sorcerer (6)
12 Evacuates from a pilot's seat (6)
14 Make (6)
16 Cool and funky (slang) (4)
18 Toothed wheels (4)
19 Drains (4)

Across
1 Defiantly aggressive (2-4-4)
5 Trail (5)
7 The "'d" in "I'd" (5)
9 Figured out (6)
10 At what time? (4)
12 Goldfish home? (4)
13 Winged childlike being (6)
16 Christian writings (5)
17 Document copy (5)
18 Enticement (10)

Down
1 Specks (5)
2 Repairs (6)
3 Poultry (4)
4 Throat lozenge (5,4)
6 Permissible (9)
8 Judo level (3)
11 Tibetan mountaineer (6)
12 Short haircut (3)
14 Moved by an air current (5)
15 Low in pitch (4)

Across

1 Contaminates (7)
5 Folk tale hero, Baba (3)
7 Sailor (3)
8 Adore (7)
9 Newspaper chief (6)
10 Common teenage problem (4)
12 For the notice of (abbr) (4)
14 Composes (6)
17 Certificate (7)
18 Cow's low (3)
19 Greek goddess of the dawn (3)
20 Perils (7)

Down

1 Riding a horse (2,3,6)
2 Modern Persian tongue (5)
3 Cattle herder (6)
4 Aching (4)
5 Off the cuff (2,3)
6 Opinions (11)
11 Fake (6)
13 Varieties (5)
15 Stopwatch, eg (5)
16 "Wow!" (4)

Across
1 Common type of acid (6)
6 Deep affection (4)
7 Bad-mannered person (4)
8 Of religious beliefs (11)
10 Abbreviation (11)
13 Party to (2,2)
15 Hitch (4)
16 Hours of darkness (6)

Down
1 Enumerate (5)
2 Bath vessel (3)
3 Company (11)
4 Buckwheat pancakes (5)
5 Tropical evergreen tree (7)
9 Catching (7)
11 Slightly color (5)
12 Approaches (5)
14 "I'll pass" (3)

Across

2 Lift with a grabbing utensil (4)
4 Wall opening (6)
6 Park boundary ditch (2-2)
8 Online journal (4)
10 Waggishness (3)
11 Encourage (7)
13 Stuck (7)
16 Looking tired or pale (3)
17 Alone (4)
18 Christmas (4)
20 Sets of ammunition (6)
21 Repeat in a different way (4)

Down

1 Spy (5)
2 "Truthfully," when texting (inits) (3)
3 Needless (10)
4 Firefox, eg (3,7)
5 Fancy (4)
7 Astonish (3)
9 Network of crossing lines (4)
12 Golf-ball rests (4)
13 One or more (3)
14 Perpetually (4)
15 Performing (5)
19 Flying saucer (inits) (3)

Across

7 Irk (5)
8 Extant (5)
9 Togs (7)
10 "That's it!" (3)
11 Supports (5)
13 Talk (5)
15 Cooking dish (3)
17 Bugs (7)
20 Japanese cuisine (5)
21 Smart (5)

Down

1 Toiletry powder (4)
2 Relishes (6)
3 Foundation tale (4)
4 Analyzes word-by-word (6)
5 Old Italian monetary unit (4)
6 Comment (6)
11 Circumvent (6)
12 Soul (6)
14 Fire up (6)
16 Upfront facial feature (4)
18 Dispatched (4)
19 Utters words (4)

Across

1 Svelte (4)
4 Home broadband technology (inits) (4)
7 Lubricate (3)
9 Bend in the arm (5)
10 Slow down (5)
11 Playthings (4)
12 Entertained (6)
14 Alleges (6)
16 Hospital checkup, maybe (4)
19 Engraving tools (5)
20 Knocks (5)
21 Nectar gatherer (3)
22 Atoll (4)
23 Arty Manhattan district (4)

Down

2 Foyer (5)
3 Scythed, maybe (4)
4 Photo collections (6)
5 Moves like a tree (5)
6 Whitsunday (9)
8 Preparedness (9)
13 Drink (6)
15 Vast chasm (5)
17 Sofa (5)
18 The ___ of March (4)

261

Across

1 Country whose capital is Naypyidaw (5)
4 Chat (4)
6 Belief; opinion (4)
8 Organized (6)
9 Ailing (3)
10 Metal container (3)
11 Mirror (7)
14 Corridor (7)
18 Intelligence organization (inits) (3)
19 Master (3)
20 Choose not to participate (3,3)
22 Lower-arm bone (4)
23 Type of skin swelling (4)
24 Cautious gambler (5)

Down

1 Public transport marker (3,4)
2 A show being broadcast again (5)
3 Prayer, "___ Maria" (3)
4 Turn around quickly (5)
5 Pale purple shade (5)
7 Sitting around (4)
11 Mandela's homeland (inits) (3)
12 Charge (3)
13 Device for grilling bread (7)
15 Put on (3)
16 Advance spotter (5)
17 Thug (4)
18 Tells you the time (5)
21 Mediocre writing (3)

Across

1 Feeling shame (11)
7 Large countryside land area (6)
8 Wander (4)
9 Appears (5)
11 Mocking smile (5)
13 Scam (5)
14 Atolls (5)
16 "Right away!" in hospital (4)
18 Grammar (6)
20 Principal actress (7,4)

Down

2 Get the wrong idea, perhaps (7)
3 Blind _ _ bat (2,1)
4 Marsh-loving plant (4)
5 Sequences (7)
6 Letter after zeta (3)
10 Seated on a horse (7)
12 Green jewel (7)
15 Unique book number (inits) (4)
17 Fasten (3)
19 Nada (3)

Across
1 Relative (11)
6 Chest of drawers (6)
7 Dreadful (4)
8 Doze (3)
9 Aided (6)
12 Remove from office (4)
13 Cathedral recess (4)
14 Gratify (6)
16 Videotape deck (inits) (3)
17 *Frozen* Disney princess (4)
18 Frozen water drops (6)
20 Proclamation (11)

Down
1 Male swan (3)
2 Large wall painting (5)
3 Circular (5)
4 Immature frog (7)
5 Pathogens (7)
10 Cost (7)
11 Win (7)
14 Former (5)
15 Computer character set (inits) (5)
19 Long time (3)

Across

1 IBM compatibles (abbr) (3)
3 Dashing but unconventional (7)
7 Cook in an oven (5)
8 Grain husks (5)
9 Repulsive (7)
11 Glimmer (3)
12 Laughing, via SMS (inits) (3)
13 Sycophants (7)
15 Contraption (5)
17 Pivotal (5)
18 Maid (7)
19 Tent rope (3)

Down

1 Bird's resting place (5)
2 Outrage (7)
3 Deceitful person (3)
4 Pendulous ornamental shrub (7)
5 All _ _ day's work (2,1)
6 Sizeable (5)
10 Obsolete (7)
11 Elevating (7)
12 System of rules (5)
14 Daft (5)
16 *Avatar* actress, Saldana (3)
17 Broadcast (3)

Across

7 Make contact with (5)
8 Sarcasm (5)
9 Legally owned property (7)
10 Screen resolution (inits) (3)
11 Biblical prophet (5)
13 Utterly defeats (5)
15 Plan (3)
17 Down payment (7)
20 Fish eggs (5)
21 Critical (5)

Down

1 Scratch (4)
2 Medieval associations (6)
3 Asian language (4)
4 Vocalist (6)
5 Thin, flexible rope (4)
6 Song words (6)
11 Champagne and juice drink (6)
12 Auxiliary track section (6)
14 Angers (6)
16 Podded vegetables (4)
18 Lay a covering over (4)
19 Floor piece (4)

Across
1 Category (5)
4 Go against (4)
6 You (archaic) (4)
8 Voyage (6)
9 Printed document import (inits) (3)
10 Burning (3)
11 LPs (7)
14 Move forward (7)
18 USB splitter (3)
19 Stopping at (3)
20 Sports trading cards company (6)
22 Remove the skin from (4)
23 Narrow opening (4)
24 Escape (5)

Down
1 Inner-ear cavity (7)
2 Grown-up (5)
3 Peter and Paul, eg (abbr) (3)
4 Italian cathedral (5)
5 Sacked (5)
7 "Look this way!" (4)
11 Sprinted (3)
12 *Evita* character (3)
13 Abate (7)
15 Satan (5)
16 Adjust (5)
17 Headland (4)
18 Eastern verse type (5)
21 Bitter (3)

Across
1 Common Eurasian thrush (9)
7 Hose a garden (5)
8 Belief system (5)
10 Churn (4)
11 Soothing, as of sound (6)
14 Consume (6)
15 Stupid (4)
17 Shine brightly (5)
19 Stares lecherously (5)
20 Environs (9)

Down
2 Allowing (7)
3 Brief (4)
4 Reverse a vehicle (4,2)
5 Regret (3)
6 Granting (8)
9 Information store (8)
12 Paired up (7)
13 Variant chemical arrangement (6)
16 Vegetarian ingredient (4)
18 Large Australian bird (3)

Across

2 Tarn (4)
4 Choral parts (6)
6 Suspended (4)
8 Young cow (4)
10 Curve (3)
11 Physicians (7)
13 Toward the heavens (7)
16 Pasture (3)
17 Bleating females (4)
18 Feral (4)
20 Sloping font (6)
21 Symbol of slavery (4)

Down

1 Paddock (5)
2 Brooch (3)
3 Techno, eg (5,5)
4 Language words (10)
5 Dram (4)
7 State of matter (3)
9 Pronged kitchen utensil (4)
12 Few and far between (4)
13 Cutting tool (3)
14 Dry riverbed (4)
15 Inhabit (5)
19 Fury (3)

Across

1 Legal proceedings against someone (11)
6 Unimportant facts (6)
7 A sworn promise (4)
8 Debtor's note (inits) (3)
9 Allot (6)
12 Heckles (4)
13 Breezed through (4)
14 Verifies (6)
16 Lennon's wife (3)
17 "Z" in radio communication (4)
18 Annually (6)
20 Hindrance (11)

Down

1 Large hole (3)
2 Excludes (5)
3 Series of links (5)
4 Ado (7)
5 Forecast (7)
10 Give in (7)
11 Open to question (2,5)
14 South American beaverlike rodent (5)
15 Short-legged breed of dog (5)
19 Yang counterpart (3)

Across

7 Beamed (5)
8 Train tracks (5)
9 Via unknown means (7)
10 Main processor (inits) (3)
11 Areas (5)
13 Listens to (5)
15 Band's live event (3)
17 Flower wreath (7)
20 Trio (5)
21 Closes teeth on (5)

Down

1 Mother of Horus (4)
2 Frequent (6)
3 Engage a gearwheel (4)
4 Increase (6)
5 Metal with atomic number 30 (4)
6 Releases (6)
11 Fertilized ovum (6)
12 Contracted (6)
14 Looks forward to (6)
16 Microorganism (4)
18 Red jewel (4)
19 Computer-storage medium (4)

Across

1 Highly seasoned Italian sausage (6)
6 Call a number (4)
7 Snapping reptile (4)
8 Weather condition (11)
10 Troop assembly point (5,2,4)
13 Genesis man (4)
15 Purposes (4)
16 Went out (6)

Down

1 Recreation (5)
2 *The Fifth Element* director, Besson (3)
3 Include within (11)
4 Concede (5)
5 Cut-paper puzzle (7)
9 Overshadow (7)
11 Collide (5)
12 Knight's weapon (5)
14 Bathroom floor covering (3)

Across

3 Twisted metal neckband (4)
5 "No. 5," for Lou Bega (5)
6 Harm (4)
8 Post-larval insect (4)
10 Nocturnal bird of prey (3)
11 Bucket (4)
13 Supreme Greek god (4)
15 Animal food (3)
17 Fitness club (3)
19 Espies (4)
21 Greek letter after epsilon (4)
22 Relating to us (3)
23 Fault (4)
25 Movable barrier (4)
26 Cheerful (5)
27 Swing to and fro (4)

Down

1 Not rough (6)
2 Malodorous (6)
3 Spinning toy (3)
4 Cracks, as skin (5)
7 Contact number (abbr) (3)
9 The Emirates (inits) (3)
12 Evergreen climber (3)
13 Snoring letter (3)
14 Increases (3)
16 Mature (3)
17 Teams (6)
18 A person killed for their religion (6)
19 Secure deposit boxes (5)
20 Long period (3)
21 Sharp turn (3)
24 "How come?" (3)

Across
1 Possessive mark (10)
5 Remembrance flower (5)
7 Dirigible (5)
9 Spectacle (6)
10 Grisly (4)
12 Paeans (4)
13 Grins (6)
16 Lower-value banknote (5)
17 Farewell (5)
18 Promoted (10)

Down
1 Copious (5)
2 Test (3-3)
3 Spherical bodies (4)
4 The masses (3,6)
6 Kept (9)
8 Atone (3)
11 Effect (6)
12 Not on (3)
14 Color-changing, tentacled mollusk (5)
15 Genuine (4)

Across

7 Mended (5)
8 Glued down (5)
9 Tobacco consumers (7)
10 Common banknote value (3)
11 Possible outcome (11)
12 Summer version of CST (inits) (3)
13 Origins (7)
16 Exchanges (5)
17 Cash registers (5)

Down

1 Alien spacecraft (abbr) (4)
2 Raised to a power (11)
3 Side (4)
4 Inquires (4)
5 Bow-taking occasion (7,4)
6 Thin (6)
11 Pardon (6)
13 Chutzpah (4)
14 Engaged in (2,2)
15 Not great (2-2)

Across

1 Disorder (4)
3 Masticated (6)
8 Nonbeliever (7)
9 Frozen water (3)
10 Language spoken in Lisbon (10)
13 Costume (5,5)
17 Stitch (3)
18 In a perfect way (7)
19 Testing (6)
20 Appends (4)

Down

1 Powdered grain (4)
2 Boring person; fool (slang) (5)
4 Small house or shelter (3)
5 A period of time (5)
6 Lower down (6)
7 Extremely dirty (6)
11 Arboretum (6)
12 Displacement (6)
14 Freshly (5)
15 Unmoving (5)
16 Stains (4)
18 Tavern (3)

Across
1 For all of a given time interval (6)
6 Which thing? (4)
7 Dark-red edible root (4)
8 Moderating (11)
10 Primitive human (11)
13 Fifty percent (4)
15 Lost blood (4)
16 Go back (6)

Down
1 Classic column style (5)
2 Chafe (3)
3 Social event (3-8)
4 Very bad (5)
5 African plain (7)
9 Alone, by ___ (7)
11 Requires (5)
12 Citrus fruit (5)
14 Winter ailment (3)

Across
1 Corrects (9)
7 Lucky numbers game (5)
8 Exactly right (5)
9 Kate Winslet husband, Rocknroll (3)
10 No man's land (inits) (3)
11 Talk over a soundtrack (3)
12 Bewitch (7)
14 *Game of Thrones* character, Snow (3)
15 Chop away at (3)
17 Period, eg (3)
18 Internet portal site (5)
19 Eyelashes, eg (5)
20 Variable (9)

Down
1 Governed (5)
2 The state of being a subject of a country (11)
3 Sardonic (6)
4 "As before," in a book (abbr) (4)
5 Extravagant purchaser (11)
6 Fat (4)
13 National song (6)
14 Crow relatives (4)
16 Better informed (5)
17 Go-getter (4)

Across

1 Impair (3)
3 Outcomes (7)
7 Synthetic clothing material (5)
8 Defense excuse (5)
9 Six-sided shape (7)
11 Karate level (3)
12 Type of lettuce (3)
13 Member of a Native American people of the upper Hudson River valley (7)
15 Flooded (5)
17 Vapors (5)
18 Waste-filtering organs (7)
19 Deposit (3)

Down

1 May, eg (5)
2 Eases (7)
3 Sprint (3)
4 Loyal (7)
5 Flower garland (3)
6 Notable descendant (5)
10 Detective (slang) (7)
11 Using base ten (7)
12 Blackboard writing stick (5)
14 Mean (5)
16 Also (3)
17 Filming speed (inits) (3)

Across

1 Digital photograph filetype (inits) (4)
4 Tugs (5)
8 And never (3)
9 Little (5)
11 Teenagers (11)
13 Command (11)
15 Quit (5)
18 Online provider (inits) (3)
19 Disney's flying elephant (5)
20 British "Count" (4)

Down

2 Sessions (7)
3 Soldiers (abbr) (3)
5 Website address (inits) (3)
6 Makes vocal music (5)
7 South American native (4)
10 Buildings for antiquities (7)
12 Louder (7)
13 Annoyed; bothered (5)
14 Back of the neck (4)
16 Decline (3)
17 WALL-E's love (3)

Across
1 Roman attire (4)
4 Long ago (archaic) (4)
7 Cat breed with very fine, short fur (3)
9 Reinstall (5)
10 Backstreet (5)
11 Brace; get ready (4)
12 Workroom (6)
14 Chic (6)
16 Competent (4)
19 Typical chaotic mess (slang) (5)
20 Perhaps (5)
21 Toboggan runner (3)
22 Surplus (4)
23 Knocks lightly (4)

Down
2 Propose (5)
3 Interested in painting (4)
4 Glorifies (6)
5 Mix of cold, raw vegetables (5)
6 Most intelligent (9)
8 Revelation (3-6)
13 Amend (6)
15 Electronic post (5)
17 Purchase all of (3,2)
18 Give off (4)

Across

1 Dejected (11)
7 Audacity (4)
8 Certified document creator (6)
9 Scenes (5)
10 Very pale, as with fright (5)
13 Sleeping sound (5)
15 Investigate (5)
17 Lactase or pepsin, eg (6)
18 Deserve (4)
19 Connection (11)

Down

2 Tehran resident (7)
3 Former Soviet bloc hostilities (4,3)
4 Tall, rounded vases (4)
5 Grind teeth (5)
6 Prominent member of a field (5)
11 Snake (7)
12 Official trade ban (7)
13 Upright stone slab (5)
14 Seeps (5)
16 Penultimate match (4)

Across

3 Drinking vessel (3)
6 Surpass (5)
7 Small, black, oval fruit (5)
8 Depict (10)
14 Moniker (5)
15 Axed (10)
21 Search (5)
22 Complete confusion (5)
23 Comic screech (3)

Down

1 Centers of interest (4)
2 Web page format (inits) (4)
3 Dove noises (4)
4 Inadequate (4)
5 River sediment (4)
9 Fewest (5)
10 Speak (5)
11 In unison, musically (5)
12 Sports stadium (5)
13 Ghostly (5)
16 Days before an occasion (4)
17 Minute arachnid (4)
18 Small notch (4)
19 Hot drinks (4)
20 Correct amount of medicine (4)

Across

1 Obscenity checker (6)
6 Large ring (4)
7 Group of countries (4)
8 Local groups (11)
10 Exact meanings (11)
13 Notion (4)
15 Former Cold War adversary (inits) (4)
16 Table handkerchief (6)

Down

1 Involving a third dimension (5)
2 Small lump (3)
3 Restore (11)
4 Yell (5)
5 Care (7)
9 Unified state (7)
11 Tusk substance (5)
12 Reject with contempt (5)
14 Biblical vessel (3)

Across

1 December 25th, for short (4)
4 Perceived (4)
7 Wapiti (3)
8 The world's largest landmass (7)
10 Confirm (6)
12 *Monty Python* actor, Idle (4)
13 Memo (4)
15 Gaps (6)
19 Molding (7)
20 Nickname for Leonard (3)
21 "Smack!" (4)
22 Former Yahoo CEO, Jerry (4)

Down

2 Creator (5)
3 Ledge (5)
4 Evergreen trees (4)
5 Optical-beam device (5)
6 Domestic workers (8)
9 Blaming (8)
11 1950s president (3)
12 Evita's real name (3)
14 Garbage (5)
16 Very small (5)
17 Punctuation mark (5)
18 Thin surface layer (4)

Across

3 Odists (5)
6 Large deer (7)
7 Horselike African mammal (5)
8 Philatelist's love (5)
9 It's near Ctrl (3)
11 Stately (5)
13 Merits (5)
15 Nighttime moisture (3)
18 Glass-raising toast (5)
19 Original New Zealander (5)
20 "Be quiet!" (7)
21 Overhead (5)

Down

1 Pancake mix (6)
2 Precious jewel (7)
3 Problem (6)
4 Goes out (4)
5 Smack (4)
10 Intercepted (7)
12 Invent (6)
14 Subtlety (6)
16 Village People hit (inits) (4)
17 Fuss (2-2)

Across

1 Includes (11)
6 Disregard (6)
7 Prompted an actor (4)
8 Shun (5)
11 Polite (5)
12 Penned (5)
13 Bump (5)
17 Perform karaoke, eg (4)
18 Eavesdrop (6)
19 Cultural pigeonholes (11)

Down

1 Lloyd Webber musical (5)
2 Central African river (5)
3 Quarry (4)
4 Segment (7)
5 Mournful (7)
9 Decision (7)
10 Whole number (7)
14 Ready to be poured (2,3)
15 Varieties (5)
16 Patron saint of sailors (4)

Across

- **4** Again and again (10)
- **6** Admission coupons, informally (3)
- **7** Cuts off (8)
- **10** Adolescents (9)
- **11** Ability to move (8)
- **13** Effeminate (3)
- **14** Knocks down (10)

Down

- **1** Annoy (3)
- **2** Private (8)
- **3** Test version, in software (4)
- **4** Italian rice dish (7)
- **5** "Okay" (3)
- **8** Least heavy (8)
- **9** Guarantees (7)
- **11** Nutty (3)
- **12** Hard, magnetic metal (4)
- **13** Moroccan city (3)

Across
1 Calculation (11)
7 Leaped (6)
8 Iranian monetary unit (4)
9 Relating to Eastern countries (5)
11 Breakfast tea component (5)
13 Visitors to a website (5)
14 Religious verse (5)
16 Self-operating (4)
18 Declining state of life (6)
20 Rear vistas (11)

Down
2 Resists (7)
3 Podded vegetable (3)
4 Yanks (4)
5 Shoves (7)
6 Egg cells (3)
10 Space-station entry area (7)
12 Asserted (7)
15 Central European river (4)
17 Amsterdam University (abbr) (3)
19 The letter after sigma (3)

Across
1 Bribe (3,3)
6 Cut of steak (4)
7 Close (4)
8 An exchange between people (11)
10 Overlay (11)
13 Dull sound of something falling (4)
15 String tangle (4)
16 Annul (6)

Down
1 Hindu forehead mark (5)
2 Kyoto cash (3)
3 Unimaginative (11)
4 Battle line (5)
5 Hires for work (7)
9 Brain cells (7)
11 Revises (5)
12 Spreadsheet software (5)
14 "What's up, ___?" (abbr) (3)

290

Across

1 Peruses (5)
4 Brazilian dance (5)
7 Playful musical movement (9)
8 Health club (3)
9 Millions of digital storage units (9)
13 Currently holding office (9)
17 Vivian, to her friends (3)
18 Highest amount (7)
20 Walks through water (5)
21 Overwhelming fear (5)

Down

1 Continue (6)
2 Remains of a fire (3)
3 Heathland with stunted vegetation (5)
4 Film (5)
5 Compelling viewing (4-3)
6 Miles away (4)
10 Suffered distress (7)
11 Second person pronoun (3)
12 Extremely tiny (6)
14 Arrives (5)
15 Confusion (3-2)
16 Declare (4)
19 Microsoft's web portal (inits) (3)

Across

1 Not the same (7)
5 Actress, Carrere (3)
7 Plant juice (3)
8 Raving at length (7)
9 Validates (6)
10 Accordingly (4)
13 Know about (2,2)
14 Numerical symbol (6)
16 End-of-line stations (7)
18 She was once Mrs Sinatra (3)
19 Stain (3)
20 Friendly (7)

Down

1 Not confirmed (11)
2 Take advantage of (7)
3 Uncoil (6)
4 Loan (4)
5 Unwanted personal details (inits) (3)
6 Gather together (11)
11 Large-leaved edible plant (7)
12 Bathing top and bottoms (6)
15 Capital of Peru (4)
17 Novel, *The Catcher in the ___* (3)

Across
1 Turned into (6)
4 Young child's bed (4)
8 World superpower (inits) (3)
9 Requiring (7)
10 Huts (5)
11 Prone (5)
13 Small firework (5)
15 Ascended (5)
17 From an Eastern continent (7)
19 Health metric (inits) (3)
20 Tibetan oxen (4)
21 Oration (6)

Down
1 Melancholy feelings (5)
2 French country house (7)
3 Food choices (5)
5 Cause of joint pain (inits) (3)
6 Started (5)
7 Floating mass of ice (abbr) (4)
12 Perceptible (7)
13 Like a reptile's skin (5)
14 Objections (4)
15 Go over (5)
16 Horse's whinny (5)
18 Kind (3)

Across

1 Boy or girl in full-time education (11)
7 Cuts, as in grass (4)
8 Skin image (6)
9 Flaming (5)
10 Ends (5)
13 Jabs (5)
15 Head monk (5)
17 String-shaped piece of pasta (6)
18 Diabolical (4)
19 Donor (11)

Down

2 Spicy pork sausage (7)
3 See (7)
4 Delayed (4)
5 The start of a song (5)
6 Portals (5)
11 Vivid graphic representation (7)
12 Written condition (7)
13 Relating to ancient Carthage (5)
14 Famous (5)
16 Fresh-food cafe (4)

Across

1 Unable to hear a thing (4,2,1,4)
6 Monetary fund (6)
7 Chinese currency (4)
8 Dopey; silly (5)
11 Vessels (5)
12 Sends as a letter (5)
13 Farewell (5)
17 Sordid (4)
18 Organ rupture (6)
19 Grumpy (3-8)

Down

1 Fix a computer program (5)
2 Music and sound (5)
3 Takes an exam (4)
4 Excited (7)
5 Hair detergent (7)
9 Simple wind instrument (7)
10 Hazel tree (7)
14 Internal (5)
15 Rise to your feet (5)
16 Pal (4)

Across

7 Find the mass of (5)
8 Suggest (5)
9 Lessened (7)
10 Maize head (3)
11 Played, as in with an idea (5)
13 Sing like a Tyrolean (5)
15 Fisherman's stick (3)
17 Moved on hands and knees (7)
20 Cart (5)
21 Routes (5)

Down

1 Pitcher (4)
2 Benevolent (6)
3 Elegant (4)
4 Noon (6)
5 On a grand scale (4)
6 Emblem (6)
11 Casts (6)
12 Pretty good (6)
14 Widen (6)
16 Uses a spade, perhaps (4)
18 Guitar speakers (4)
19 Plate (4)

Across
1 Provide with weapons again (5)
4 Large bag (4)
6 Ancient letter (4)
8 Equilibrium (6)
9 Rotation speed (inits) (3)
10 Wet, soft ground (3)
11 Vicars (7)
14 Lack of moisture (7)
18 *The Tonight Show* network (inits) (3)
19 Aegean, eg (3)
20 Periphery (6)
22 Second-largest moon of Saturn (4)
23 Exercise locations (4)
24 Amusing (5)

Down
1 Began again (7)
2 Bestow (5)
3 Organ-scanning method (inits) (3)
4 Formally deliver (5)
5 Celestial body with a tail (5)
7 Exploiter (4)
11 Type of chart (3)
12 Photo cards (abbr) (3)
13 Guild (7)
15 Not recently practiced (5)
16 Draws nigh (5)
17 Secure storage box (4)
18 Group of nine people (5)
21 Unrefined (3)

297

Across

1 Footnote pointers (9)
8 Not yet hardened (5)
9 Plant barb (5)
10 Deficits (6)
12 Serving cutlery measure (abbr) (4)
14 Catalog (4)
15 Attorney (6)
17 Odd (5)
18 Curie's gas (5)
20 Rising prices (9)

Down

2 Female sibling (3)
3 One or the other (6)
4 Greek "I" (4)
5 Lumpy (7)
6 Completely developed (4-5)
7 Stimulating (9)
11 Period (7)
13 Attic room (6)
16 Role model (4)
19 Pair (3)

Across

1 Shrill; extremely loud (3-8)
7 Snack seed, often roasted or salted (6)
8 Tribe (4)
9 Palestinian city (4)
10 Spanish racket game (6)
13 Lighter-than-air gas (6)
16 Ordinary value (4)
17 Lean (4)
18 Theories (6)
19 Set of laws (11)

Down

2 Mediocre (7)
3 Pakistani spoken language (7)
4 Clear your plate (3,2)
5 Inuit house (5)
6 Italian seaport (5)
11 Lax (7)
12 Underwater missile (7)
13 Place to stay overnight (5)
14 Fibbing (5)
15 Iron, eg (5)

299

Across
1 Traveling around (11)
7 Duelling weapon (4)
8 From the top, in music (2,4)
9 Gravelly (5)
10 Grossly overweight (5)
13 Musical combination (5)
15 Metal block (5)
17 Collared (6)
18 "So be it" (4)
19 Those that comply with social norms (11)

Down
2 Charge with misconduct (7)
3 Less expensive (7)
4 Metallic vein (4)
5 Fatuous (5)
6 Sphere (5)
11 Native of former Indian province (7)
12 Earliest (7)
13 Sceptic (5)
14 Pungent vegetable (5)
16 Scent (4)

300

Across

2 Hard candy on a stick (8)
5 Tramp (4)
6 Anytime (8)
8 Postscript addendum (inits) (3)
10 Coffee shot (8)
12 Covering (8)
14 Yearly interest (inits) (3)
16 In general (2,1,5)
18 Firing weapons (4)
19 Acquiring knowledge (8)

Down

1 Lash (4)
2 Small in height (3)
3 Floating mass of frozen water (7)
4 Exceed a limit (8)
7 Greetings (3)
9 Member of a Biblical Jewish sect (8)
10 Authorize (7)
11 Twenty-first Greek letter (3)
13 Pro Bowl organization (inits) (3)
15 Lull (4)
17 Easter gift (3)

Across

1 Glide across the surface (4)
4 Engrossed (4)
7 Bustle (3)
9 Finger bands (5)
10 Penniless (5)
11 Promontory (4)
12 Swiss city (6)
14 Pea or lentil, eg (6)
16 Relating to water (4)
19 Yellow quartz (5)
20 Picture border (5)
21 Dunce (3)
22 Anthem (4)
23 Attach oxen to a cart (4)

Down

2 Male monarchs (5)
3 Soft, pulped food (4)
4 Stole from (6)
5 Prostrate (5)
6 Interpret (9)
8 Parted (9)
13 South American river (6)
15 Member of a traveling people (5)
17 Duck sound (5)
18 Touch-and-go (4)

Across
- **1** Droop (3)
- **3** Sore (7)
- **7** Ventilated (5)
- **8** Aircraft detection system (5)
- **9** Model (7)
- **11** Living-room appliances (abbr) (3)
- **12** Air-force hero (3)
- **13** Hammering (7)
- **15** Throw (5)
- **17** Inner psyche (5)
- **18** Forsake (7)
- **19** The sheltered side (3)

Down
- **1** Gaze fixedly (5)
- **2** Trash (7)
- **3** Bean holder (3)
- **4** A resident of Tel Aviv (7)
- **5** Nourished (3)
- **6** Men of noble rank (5)
- **10** Nipped (7)
- **11** Superficial (7)
- **12** First NATO phonetic letter (5)
- **14** Fit a pane (5)
- **16** Earl Grey, eg (3)
- **17** Explorer, Bancroft (3)

Across
1 Cautious (7)
5 Punch lightly (3)
7 Seize (3)
8 At a brisk speed, in music (7)
9 Elevated (6)
10 First modern Greek king (4)
12 Change (4)
14 Beginning (6)
17 Square pasta parcels (7)
18 Self-image (3)
19 Even so (3)
20 Illustrations (7)

Down
1 Heated debate (11)
2 Jewish teacher (5)
3 Worried (6)
4 Large, showy flower (4)
5 Intolerant person (5)
6 Ratios (11)
11 Reigning (6)
13 Metal pin (5)
15 Absolute (5)
16 Uncut bread (4)

Across
1 Tactless (11)
6 Add to the start (6)
7 And (4)
8 Solicitous attention (inits) (3)
9 Softly (6)
12 Head coverings (4)
13 A barren plateau in Asia (4)
14 Small bar or cafe (6)
16 Notice (3)
17 Diktat (4)
18 Endowed (6)
20 Fete (6,5)

Down
1 Cheeky devil (3)
2 Grave (5)
3 Threescore (5)
4 Educates (7)
5 Guest (7)
10 Imported curios (7)
11 Rotated (7)
14 Start (5)
15 Instructor (5)
19 Amateur building (inits) (3)

Across

1 Dried petal mix (9)
7 Store in a secret place (5)
8 Well-known (5)
9 Tolkien tree creature (3)
10 Urgent appeal (inits) (3)
11 Night's counterpart (3)
12 Spiral-shaped pasta pieces (7)
14 Appeal formally (3)
15 Be sick (3)
17 Spin an engine (3)
18 Small donkey (5)
19 Chosen (5)
20 Modus vivendi (9)

Down

1 Mails (5)
2 The action of moving something (11)
3 Not these (6)
4 Fissure (4)
5 At once (11)
6 In a lazy way (4)
13 Evens (6)
14 Weeps (4)
16 Supple (5)
17 Top of the mouth (4)

Across
1 Exercise site (3)
3 Elapsed (6)
7 Bollywood dress (4)
8 Strong aversion (6)
9 Enumerating (9)
11 Honorific (2,7)
12 Taking place in succession (6)
14 Unwieldy ship (4)
16 Type of gundog (6)
17 Scrap of cloth (3)

Down
1 India's smallest state (3)
2 Receptacle for letters (7)
4 Before now (3)
5 Small plant cutting (5)
6 Glare (5,4)
7 Combination to form a whole (9)
8 Damaging (7)
10 Not the one nor the other (7)
11 Member of the heron family (5)
13 Dined (3)
15 Take in tow (3)

Across

1 Relating to regular steps (11)
7 Layer of dirt (4)
8 Like a movie (6)
9 Horse (5)
10 Covered in powder (5)
13 Desires (5)
15 Second (5)
17 Nonsense (6)
18 Well behaved (4)
19 Temperament (11)

Down

2 Type of soft cheese (7)
3 Most wet (7)
4 Tussock (4)
5 Appellations (5)
6 Fortunate (5)
11 Highly strung (7)
12 Wavering singing effect (7)
13 Walked through water (5)
14 Metal fasteners (5)
16 Sad to say (4)

Across

1 Very typical example (9)
8 More friendly (5)
9 Man marrying a bride (5)
10 Large birds of prey (6)
12 Escarpment (4)
14 Walking limbs (4)
15 Large, edible fish (6)
17 Animal often ridden (5)
18 Sink (5)
20 Machine designers (9)

Down

2 Bird of myth (3)
3 Toughen (6)
4 Graffiti identifiers (4)
5 Computer software (7)
6 Weak; feeble (9)
7 Conceiving (9)
11 First man in space (7)
13 Distort (6)
16 Bigfoot's cousin? (4)
19 Knight's title (3)

Across

1 Trust (5)
4 Campus area (4)
6 Close Hindi relative (4)
8 Repeat again (6)
9 Halloween month (abbr) (3)
10 Ready (3)
11 Freaky (7)
14 Penned (7)
18 Corporal's superior (abbr) (3)
19 A play on words (3)
20 Occur (6)
22 Entrance (4)
23 Hair colorers (4)
24 Lunch and dinner, eg (5)

Down

1 Predicted (7)
2 Not competent (5)
3 "What's that?" (3)
4 Allotted quantity (5)
5 Following (5)
7 Round, griddled bread (4)
11 Automated device (3)
12 Branch of Buddhism (3)
13 Prolongs (7)
15 Answer (5)
16 Minds (5)
17 Say again (4)
18 Old photo color (5)
21 Intel rival (3)

Across
1 Darken the skin (3)
3 Solace (7)
7 Inflexible (5)
8 Arabian folklore spirit (5)
9 Conjunction expressing a choice (7)
11 Mechanical wheel (3)
12 Devour (3)
13 Responded (7)
15 Indian language (5)
17 Remains of a fire (5)
18 Altered (7)
19 Bed-wear (abbr) (3)

Down
1 Hurl (5)
2 Disregard (7)
3 Large, edible sea fish (3)
4 Palma's island (7)
5 Possess (3)
6 Item (5)
10 In pain (7)
11 Draw level (5,2)
12 Moral principle (5)
14 Flat, circular structures (5)
16 Basketball league (inits) (3)
17 Combine (3)

Across

1 Pleasurable (9)
7 Rescued (5)
8 Pledged (5)
10 Corrode with acid (4)
11 Preserve a body from decay (6)
14 Want (6)
15 Milky-white gem (4)
17 Waltz or tango (5)
19 The Ram (5)
20 Death rate (9)

Down

2 Beginners (7)
3 Likelihoods (4)
4 Take for granted (6)
5 Lion star sign (3)
6 Flew up (8)
9 Anonymous (8)
12 Assign (7)
13 Align in a particular direction (6)
16 Cry noisily (4)
18 Corporal, eg (inits) (3)

Across

1 Love of the mysterious and exotic (11)
7 Bids (6)
8 Fizzy soft drink (4)
9 Bird limbs (5)
11 Soft and sticky (5)
13 Settle a debt (5)
14 Intimidate: ___ out (5)
16 Cheat (4)
18 Sixty seconds (6)
20 Equates (11)

Down

2 Satisfy (7)
3 Day before Wed (abbr) (3)
4 Skin eruption (4)
5 Practices (7)
6 Unhappy (3)
10 The structure of a language (7)
12 Agitated (7)
15 Largest Australian birds (4)
17 Talk fondly (3)
19 Social campaign group (inits) (3)

Across

1 Highly detailed (2,5)
5 Movie actor, Carrey (3)
7 Greek pastoral god (3)
8 Distinguished orchestra leaders (7)
9 Each (6)
10 Exclude (4)
13 Garments (4)
14 Bleak and lifeless (6)
16 Unit of electric charge (7)
18 Swindle (3)
19 Internal computer network (inits) (3)
20 Exasperate (7)

Down

1 Not realistic (11)
2 Repudiating (7)
3 Light volcanic rock (6)
4 Shades (4)
5 Note down quickly (3)
6 Upkeep (11)
11 Northwest African country (7)
12 The fastest-growing grass (6)
15 Oxtail, eg (4)
17 Tea dispenser (3)

$$\boxed{314}$$

Across

1 Move on hands and knees (5)
4 Tour (5)
7 Precise (7)
8 Member of a Myanmar people (3)
9 Recliner (4,5)
13 Seeing (9)
17 Large tree in the beech family (3)
18 Speech (7)
20 Camouflages (5)
21 Cults (5)

Down

1 Dialed (6)
2 Statute (3)
3 Words from a song (5)
4 Country house (5)
5 Five-grid sudoku (7)
6 Strong taste (4)
10 Scandalized (7)
11 Weeding implement (3)
12 Concurs (6)
14 Discount events (5)
15 Coastal sea danger (5)
16 Severe black fashion style (4)
19 Standard +0 time zone (inits) (3)

Across

1 Relax in the sun (4)
3 Moves to music (6)
8 Integrates (7)
9 Old poem (3)
10 Bitterness (10)
13 Indisputable (10)
17 Asteroid near-miss (inits) (3)
18 Took on (7)
19 Chooses (6)
20 Avoid (4)

Down

1 Boxing match (4)
2 Glow (5)
4 Workout muscles (3)
5 Elected (5)
6 Bed covers (6)
7 One-dimensional (6)
11 Maker of suits (6)
12 Sharp pain (6)
14 Steakhouse order (1-4)
15 Rabbit pen (5)
16 An unspoilt paradise (4)
18 Fitting (3)

Across
1 Disputed (11)
7 Greek son of Zeus and Maia (6)
8 Ewe's-milk cheese (4)
9 A mature woman (4)
10 Take a weapon away from (6)
13 Adoring (6)
16 Initial bet in poker (4)
17 Wind direction indicator (4)
18 Woolen shawl (6)
19 Show (11)

Down
2 Culinary herb related to mint (7)
3 Orchestral drum set (7)
4 Snooped (5)
5 Alpha's counterpart (5)
6 Smug and ingratiating behavior (5)
11 Lurch (7)
12 Withdraw (7)
13 Dwelled (5)
14 Spite (5)
15 Lawn (5)

Across

7 Extremely energetic (5)
8 Transport (5)
9 Surgery pincers (7)
10 CIA counterpart (inits) (3)
11 Bodies of performers' work (11)
12 Forensic-crime drama series (inits) (3)
13 Taught (7)
16 Sealing cement (5)
17 Rough woolen fabric with twill weaves (5)

Down

1 Professional cook (4)
2 Apt (11)
3 Implore (4)
4 Performs a part (4)
5 Choices (11)
6 Song words (6)
11 Cooking instructions (6)
13 Lego and Barbie (4)
14 Singing voice (4)
15 Man, informally (4)

318

Across
1 SLR, eg (6)
6 Bird's bill (4)
7 Messy people (4)
8 Antagonists (11)
10 With continual change (11)
13 Line about which a body rotates (4)
15 Portent (4)
16 Increase in length (6)

Down
1 Roughly (5)
2 Brussels politician (inits) (3)
3 Kill someone important (11)
4 More competent (5)
5 Porridge ingredient (7)
9 Between sunrise and sunset (7)
11 Getting older (5)
12 Give up (5)
14 Any ship (3)

Across

1 Briefly (2,1,8)
6 Relating to the nervous system (6)
7 Possible hair infection (4)
8 Lady sheep (3)
9 Grid (6)
12 Be appropriate for (4)
13 Ragout (4)
14 Attempting (6)
16 "Also called" (inits) (3)
17 Expensive (4)
18 Eliminated (6)
20 General agreements (11)

Down

1 A proton, eg (3)
2 No longer a child (5)
3 Old teleprinter service (5)
4 Probity (7)
5 Riga resident (7)
10 1920s decorative style (3,4)
11 Perks (7)
14 Captured (5)
15 Hangs around doing nothing (5)
19 Plays music for a group (abbr) (3)

Across

4 Unrhymed poem (5,5)
6 Cook in oil (3)
7 Round (8)
10 Joined together (9)
11 Fiends (8)
13 Crafty (3)
14 Contraction mark (10)

Down

1 Work at steadily (3)
2 Circuitous (8)
3 List of options (4)
4 Bluster (7)
5 Blunder (3)
8 Opposite of "third power" (4,4)
9 Loud enough to be heard (7)
11 Business degree (inits) (3)
12 Decorative cloth band (4)
13 Nervous (3)

Across
1 Small, parasitic insect (5)
4 Thin metal sheet used for cooking (4)
6 Cartoon bear (4)
8 Defeated (6)
9 *Harry Potter* character, Weasley (3)
10 Untruth (3)
11 Provide fresh supplies (7)
14 Specialist school (7)
18 Destiny (3)
19 Cocktail, ___ tai (3)
20 Skit (6)
22 Ballot selection (4)
23 Sticking substance (4)
24 Grumble (5)

Down
1 Flowering bedding plant (7)
2 Accepted practice (5)
3 Look at (3)
4 Initial (5)
5 Relating to charged particles (5)
7 A single time (4)
11 Caviar, eg (3)
12 Asian cooking sauce (3)
13 Meal-preparation room (7)
15 Humped mammal (5)
16 Propel (5)
17 Pole (4)
18 Dismiss from a job (3,2)
21 Small cask (3)

Across

1 "Ick!" (4)
3 Enchants (6)
8 Small toothed whale (7)
9 On-screen special effects (inits) (3)
10 Avoiding publicity (3,7)
13 Movie audio (10)
17 Subsidy (3)
18 Occupations (7)
19 Reason out (6)
20 TV equivalent of an Oscar (4)

Down

1 *Star Wars* Jedi master (4)
2 Large, stringed instrument (5)
4 Female bird (3)
5 *Monster* actress, Christina (5)
6 Slips (6)
7 Molded (6)
11 Planetarium (6)
12 Land surrounded by water (6)
14 Reversed (5)
15 Thick milk (5)
16 Pasty-faced (4)
18 Refrigerator gas (inits) (3)

Across

1 Annoying (11)
7 Distributed (6)
8 Opposed to (4)
9 Particular washing machine cycle (5)
11 Clues (5)
13 Luminous (5)
14 Concur (5)
16 Thick slice of meat (4)
18 Nuns' garments (6)
20 Fortified places (11)

Down

2 Crudely separating paper (7)
3 So; thus (3)
4 Uncouth (4)
5 Splitting apart (7)
6 Bad hair discovery (3)
10 Eighth sign of the zodiac (7)
12 Took out to dinner, eg (7)
15 Hood (4)
17 Head accessory (3)
19 Ghost's shout (3)

324

Across
1 Soaks up (7)
5 Emu's extinct relative (3)
7 Equal footing (3)
8 Severe (7)
9 Feel remorse for (6)
10 Fleece product (4)
12 Small labels (4)
14 Not so fast (6)
17 Declaring (7)
18 Tiny mark (3)
19 Former vocalist, ___ Vicious (3)
20 Confident (7)

Down
1 Sets of equipment (11)
2 Provisional certificate of money (5)
3 Gnawing mammal (6)
4 Oceans (4)
5 DC subway (5)
6 Sped up (11)
11 Makes flush (6)
13 Embark (5)
15 Broader (5)
16 Famous female opera singer (4)

Across

1 Alarm-call bird (6)
4 Shorten, as in a sail (4)
6 In a dormant state (6)
7 Evil; wickedness (4)
8 Cattle trough (6)
11 Large showcase (4)
12 Chrysalis-stage insect (4)
13 Advantage (6)
16 Calf-length skirt (4)
17 Halogen element (6)
18 Very eager to hear (4)
19 Powerful (6)

Down

1 Allege (5)
2 Punctuation mark (5)
3 Expediency (11)
4 Critiques in the media (7)
5 Broke free (7)
9 Ill-treating (7)
10 Staring with hostility (7)
14 Dublin residents (5)
15 Adversary (5)

Across
1 Develops (6)
4 Catch your breath (4)
8 Garments (7)
9 Stimulus (3)
10 Flying toy (4)
11 Hinder progress (6)
13 A piece of cauliflower (6)
14 Stun (4)
16 Opposite of outs (3)
17 Keeps (7)
18 Type of bean (4)
19 Tougher (6)

Down
1 A complete lack of truth (1,4,2,4)
2 Rashly (11)
3 Seed-bearing cereal heads (4)
5 Not solo (11)
6 Ancestor (11)
7 Woven fabric (5)
12 Publicly denounce (5)
15 Sicilian volcano (4)

Across
1 Meddle (9)
8 Free from knots (5)
9 Helped (5)
10 Warmest part of the year (6)
12 Danish toy company (4)
14 Large stone (4)
15 Type of TV (6)
17 Clay building-block (5)
18 Hand covering (5)
20 The study of word meanings (9)

Down
2 The Web (3)
3 Football team? (6)
4 Young horse (4)
5 Blushes (7)
6 Sign up for regular copies of a publication (9)
7 Proposed (9)
11 Computer (7)
13 Aircraft journey (6)
16 Pod vegetable, sometimes deep-fried (4)
19 Evil elf (3)

Solutions

1

```
K N U C K L E D O W N
  I   L   A     M   Y
B R I O   C E R E A L
  V   S   Y     G   O
W A F E R     D R A W N
  N         E     E
F A W N S     S M A S H
A   O     E       O   T
R O U T E D     V I E D
S   N     G     E   R
I N D E P E N D E N T
```

2

```
  T A L C   B A C K
T   B   O W E   A   A
E M B E D   A R R O W
R   E   E   V     O   A
R A Y S   M E M B E R
O     S   R       E
R E C I P E   O P E N
I   H   A   A   E   E
S T E E R   F O N T S
T   E   S P R   N   S
  U R G E   O N Y X
```

3

```
I   C   W   A   I   I
C L O N E   L U N G S
E   M   R   M   T   O
D E P R E S S   E L M
    L         R   E
G R A S S H O P P E R
A       I     R
R U N   E G G H E A D
A   I   L   A   T   A
G E N E S   L E E R S
E   G   E   E   R   H
```

4

```
I N V O L V E M E N T
D   O   A   E   E
S P I N A L   A R A B
    L     I A N   R
C E A S E D   I D E S
  V   U       N   S
Z I O N   N E G A T E
  L   R S A       U
S E M I   D E A D L Y
  Y   S   I     I   A
M E T E O R O L O G Y
```

5

```
  T E L E S C O P E
A   T   G   O   O
S C H M O   P U M P S
I   I   S   O     T
T E C H   B U R E A U
W   A   S   T   A   M
E C L A I R   C R A B
R   G   M   N   L
E A T E N   A G I L E
    A   A   L   N   S
  B U I L D I N G S
```

6

```
A   A   P R O F
S E P I A     A H E M
P   O   R O O D     A
E E L   V   E L A N
C   L   L A S S   D
T W O   A   B   U S B
  O   E B B S   N   Y
H E W N   I   S O P
U   J I B E   A   A
B O Y O   G I F T S
  Y A N G   E   S
```

Solutions

7

```
A . I . B . S . M . A
S U N N Y . U S I N G
A . D . E . D . L . E
P R E S S E D . L A N
. . E . . . E . . . T
C E D E S . N E S T S
O . . . U . . . U . .
M I C . P O L A R I S
P . O . P . U . I . O
L E V E L . M O N E Y
Y . E . Y . P . G . A
```

8

```
H I C . L A T T I C E
E . H . E . Y . M . A
E R A S E . P A P E R
L . M . . . E . . . T
S U B M I T S . T B H
E . . . M . E . E . .
T A R . I N T E N D S
U . . . T . . . D . T
L A R V A . E V I T A
I . D . T . M . N . R
P L A T E A U . G A S
```

9

```
B A C K O F F . . . .
. H . G . . O R A T E
M A M B O . R . G . X
O . . . V . B . O R C
R E N D E R I N G . L
E . . . R . D . . . U
O . S C H E D U L E D
V I A . E . E . . . E
E . I . A . N O R M S
R U L E D . . . M . M
. . . . S W A G G E R
```

10

```
F . A . R O W . F . .
I M B U E . R O O M S
L . U . A . I . U . .
L I T E R A T U R E .
. D . M . M . N . L .
. L . A T O M S . F .
. E . I . N . E . I .
. D E L I G H T I N G
. . D . S . O . N . O
S K I L L . O W N E D
. . T . E L K . S . S
```

11

```
R E L I C . C I G A R
E . Y . U . O . R . I
N O N S T O P . A W L
E . . . I . E . N . E
W I T N E S S E D . .
S . R . . . E . P . A
. . E M B A R R A S S
T . M . A . E . . . T
O R B . T R I G G E R
R . L . C . N . O . A
C Z E C H . S P O I L
```

12

```
F . . S H E R L O C K
E A S E . . . A . O .
T . . T R A I N I N G
A S H . S . T . F . .
. E . L I S T E N E R
. P . E . I . R . T .
H A N G E R O N . T .
. R . A . K . J I B .
E A R L I E S T . . A
. T . L . . . V E E R
R E C Y C L E S . . D
```

Solutions

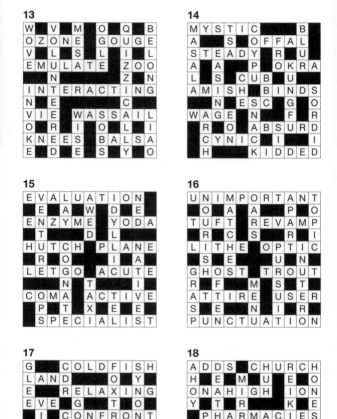

13

W		V		M		O		Q		B
O	Z	O	N	E		G	O	U	G	E
V		L		S		L		I		L
E	M	U	L	A	T	E		Z	O	O
		N						Z		N
I	N	T	E	R	A	C	T	I	N	G
N		E				C				
V	I	E		W	A	S	S	A	I	L
O		R		I		O		L		I
K	N	E	E	S		B	A	L	S	A
E		D		E		S		Y		O

14

M	Y	S	T	I	C					B
A			S		O	F	F	A	L	
S	T	E	A	D	Y		R		U	
A		A		P		O	K	R	A	
L		S		C	U	B		U		
A	M	I	S	H		B	I	N	D	S
	N		E	S	C		G		O	
W	A	G	E		N		F		R	
	R		O		A	B	S	U	R	D
C	Y	N	I	C		I			I	
	H			K	I	D	D	E	D	

15

E	V	A	L	U	A	T	I	O	N	
	E		A	W		D		E		
E	N	Z	Y	M	E		Y	O	D	A
	T		D		L					
H	U	T	C	H		P	L	A	N	E
	R		O			I		A		
L	E	T	G	O		A	C	U	T	E
	N		T			I				
C	O	M	A		A	C	T	I	V	E
	P		T		X		E		E	
S	P	E	C	I	A	L	I	S	T	

16

U	N	I	M	P	O	R	T	A	N	T
	O		A		A		P		O	
T	U	F	T		R	E	V	A	M	P
	R		C		S		R		I	
L	I	T	H	E		O	P	T	I	C
	S		E			U		N		
G	H	O	S	T		T	R	O	U	T
R		F		M		S		T		
A	T	T	I	R	E		U	S	E	R
S		E		N		I		R		
P	U	N	C	T	U	A	T	I	O	N

17

G		C	O	L	D	F	I	S	H
L	A	N	D		O		Y		
E		R	E	L	A	X	I	N	G
E	V	E		G		T		O	
	I		C	O	N	F	R	O	N	T
	O		O		U		O		Y	
C	L	A	R	I	N	E	T		M	
	E		N		T		I	S	P	
I	N	T	E	R	A	C	T		Y	
	C		R			U	S	S	R	
P	E	R	S	U	A	D	E		E	

18

A	D	D	S		C	H	U	R	C	H
H		E		M		U		E		O
O	N	A	H	I	G	H		I	O	N
Y		T		R			K		E	
	P	H	A	R	M	A	C	I	E	S
O			O		T			T		
B	E	F	O	R	E	H	A	N	D	
T		O			O		O		I	
A	P	R		S	Y	M	B	O	L	S
I		T		N		E		N		I
N	E	E	D	L	E		M	E	W	S

Solutions

19

```
D R A S T I C A L L Y
A   G     T   B   O
B A L T I C   S L U G
O       H U E   D
C O W B O Y   N O E S
  C   A       C   S
H A I R   P R E T T Y
  R   G B A     U
L I R A   N E A T E N
  N   I   D   T   A
M A I N T A I N I N G
```

20

```
    S   G     T
  D E V A S T A T E S
J E W   N   R     U
  F   H Y D R O G E N
  A   M   O   A
  C A N E S U G A R
  T   D   N     T
G O S T E A D Y   H
N   I     I   F L U
U N F R I E N D L Y
    E   G   Y
```

21

```
S U B S T I T U T E D
  N   U   N   T   R
S K I P I T   T H A I
  N   O   E
N O B L E   C R U S T
  W   E   L   H
I N A N E   S Y N O D
  G   B   R
O M I T   R E S E T S
  O   H   I   A   L
P A S S A G E W A Y S
```

22

```
P O S T A L       A
E   H   A N G E L   G
D E P U T Y   I   G
A   A   U   S P A M
N   R   R P M   R
T I A R A   A S I D E
  D   N O W   C   M
K N E W   R   E   E
  A   O   G E N D E R
  P U K K A   O   G
  E       N E S T L E
```

23

```
A     T I R A M I S U
M O L E     A   C
O     A L L E R G I C
K E N   I   X   E
  C   S E C T I O N S
  O   N   U S   C
I N S E C R E T   E
  O   E   K   A S A
I M P R O V E S   T
  I   A     O B I T
S C A T T E R S   N
```

24

```
N A S A L   R E H A B
E   K   L   E   O   A
A G I T A T E   P C S
R   M   F   E   H
B Y M E A N S O F
Y   E   E   U     D
    S C H E D U L E R
I   S   O   I     A
D P I   L I N K I N G
E   A   E   G   N   O
A S H E S   Y E A R N
```

Solutions

25

```
S W A T   M A P S
B H   E W E   O   A
R I O T S   R O W A N
A L   T   E   E   A
N O E L   P L U R A L
D   N   Y       O
N A T I O N   S M U G
A   E   D   I   E   O
M A N G O   S N A F U
E S   F O P   L   S
  S E R F   Y O Y O
```

26

```
D E S T R U C T I O N
E   U   D   R   U
W I S H E D   I O T A
  H   E S P   S
N A I V E R   L A I N
  V   A   E D
Y O U R   G A T H E R
  C   I O U   A
M A Z E   S A C R E D
  D   T   T   S S
P O L Y M O R P H I C
```

27

```
W A T C H E D
  T   P   I G L O O
D E B U G   S O   P
A   U   C   A S P
F U R N I S H E D   O
F   D   A       N
D U O   C L E A R A N C E
I   L   G       N
I A   I   E X A L T
L A T I N   I   E
      E R A S I N G
```

28

```
  I R K S   R O P Y
S O   H O   L
U P S   O U T P U T S
N T C   I   T   C
S T I C K Y   N O N O
H   I   I   T
I N C A   T A M E S T
N R R C P I
E L I T I S T   I N S
  M F   O C   H
  D E A F   R A S P
```

29

```
  A F A R   A C O R N
Y U O   F   I
M S C   E D I C T   C
C   H E K
A S S U M P T I O N S
I   I E R
E X A M I N A T I O N
Q   D   G   I
U I   L E A S H   I L L
I   S   I   N   E
P S A L M   T A S K
```

30

```
    T   G     U
  M I S R E A D I N G
B A A   A   O   O
  E   O F F E N D E D
  S   F   X   X
  T A O I S E A C H
  R   T   R   A
C O N V I N C E   U
A   O   I   M S N
B O I L E R S U I T
      T   E   X
```

Solutions

31

```
I N C R E D I B L E .
. A . O . A . U . V .
T S H I R T . I M A M
. C . E . L . . . . .
V E N U S . S T E A L
. N . N . . . U . B .
S T U D Y . S P O O F
. . . E . S . . . R .
S L U R . E N T I T Y
. O . G . G . B . E .
. P R O P A G A N D A
```

32

```
S C A R E M O N G E R
. O . E . O . . U . E
U N C L A D . N I P S
. B . A . E . L . . I
E R S T . M I T T E N
. I . E . . . O . M .
V O O D O O . R I O T
O . G . . S . T . T .
T E L L . C O U S I N
E . E . . A . R . O .
D I S A G R E E I N G
```

33

```
. S T O P . N E S S .
K . H . O R E . K . A
E R R O R . U N I T S
Y . E . E . R . M . T
B O W S . P A U P E R
O . . B . L . . . O .
A P P E A L . L I E N
R . L . L . A . R . O
D R A W L . C H A R M
S . C . O U T . Q . Y
. F E E T . S W I M .
```

34

```
E N A B L E D . . . .
. R . P . . . I C I N G
M A M M A . S . M . O
O . . C . M . P H I .
M E C H A N I C S . N
E . . D . S . . . G .
N . P R E S S U R E S
T O R . M . E . . . O
U . O . I . S A T I N
M I M I C . . D . K .
. . S C O O T E R . .
```

35

```
. V I O L A T I O N .
A . F . A . H . V . S
M I S T Y . A D E P T
P . . E . T . R . A .
L E P E R S . C L O G
I . A . S . D . A . G
T U R F . P U R P L E
U . A . Z . T . R . .
D O D G E . I S S U E
E . O . T . E . U . D
. E X H A U S T E D .
```

36

```
. U F O S . . T O F U
C . L . W . I . O . .
O N O . E N L A R G E
R . W . D . T . C . D
R U S H E D . B E A U
I . . E . . . Y . C .
D O W N . I B E R I A
O . O . D . I . I . T
R E R E A D S . P I E
. K . W . O . E . S .
. I S B N . N O N E .
```

Solutions

37

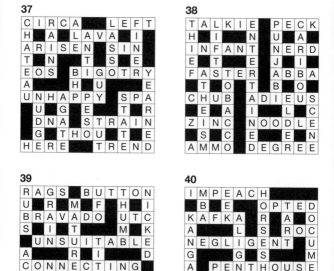

```
C I R C A . . . L E F T
H . A . L A V A . I .
A R I S E N . S I N .
T . N . T . S . E .
E O S . B I G O T R Y
A . . H . U . . E
U N H A P P Y . S P A
. U . G . E . T . R
. D N A . S T R A I N
G . T H O U . T . E
H E R E . . T R E N D
```

38

```
T A L K I E . P E C K
H . I . N . U . A .
I N F A N T . N E R D
E . T . E . J . I .
F A S T E R . A B B A
. T . O . T . B . O
C H U B . A D I E U S
. E . A I . . L . C
Z I N C . N O O D L E
. S . C . E . E . N
A M M O . D E G R E E
```

39

```
R A G S . B U T T O N
U . R . M . F . H . I
B R A V A D O . U T C
S . I . T . . M . K
. U N S U I T A B L E
A . . R . I . . D
C O N N E C T I N G .
C . U . L . O . E
E R R . C R E A T O R
S . S . U . S . E . O
S T E R E O . A S K S
```

40

```
I M P E A C H . . .
. B . E . . O P T E D
K A F K A . R . A . O
A . . L . S . R O C
N E G L I G E N T . U
G . . G . S . . M
A . P E N T H O U S E
R H O . M . O . . N
O . L . E . E I G H T
O C E A N . R . O
. . T H I E V E S
```

41

```
C H A R A C T E R .
O . B . L . O . E . U
B L A C K . G L A S S
R . N . A B S . C . E
A N D . L . . T E D
. O R I G A M I .
F I N . N . O N E
E . S . O D S . N . A
A C H E D . W E A R S
R . I . E . E . R . E
. P O R T R A Y A L
```

42

```
. I . D . E X U D E
O N P A P E R . N . A
. A . N . . A U D I T
D R A G S . S . O . S
. O . E . Y E S . .
D W A R F . R E S T S
. . S O T . C . H
E . A . R . D O V E R
L U N G E . N . . S
M . T . S A N D P I T
S L E P T . . S . S
```

Solutions

43

```
I N T E R V I E W E D
R   E   I   C   L
S C R I M P   H U E D
    S   E R E   G
P R E F E R   L O A M
E   U       O   O   N
S C A N   S O N A T A
  L   D D T     L
W A D I   E A S I L Y
I   N   R     B   E
I M A G I N A T I O N
```

44

```
M A N I P U L A T E S
  S   N   S       O   P
H A S S L E   A X L E
  R   P   R       I   W
J U N E   S T O C K S
  L   C       S     A
L E T T E R   M O R E
U   R       I   O   A
N O U N   V I S I O N
C   M       E   I   K
H Y P O C R I S I E S
```

45

```
  I N N E R T U B E
A   I   R   O   U   E
M A L T A   S I Z E D
U       S   S   Z   I
S I S T E R   S O R T
E   I   D   E   F   O
M O N A   G A F F E R
E   C   D   R       I
N I E C E   W I C C A
T   R   L   I   D   L
  P E K I N G E S E
```

46

```
I N D I R E C T I O N
  E   C   S   O   C
G I V E U P   U P T O
  T       Y   C
A H E A D   T H E T A
  E   L       E   R
F R O S T   A S I A N
    O   K       V
O D O R   N O R M A L
  E   A   O   O   I
U N K N O W I N G L Y
```

47

```
S T R O N G         M
H   W   R I D G E
A G E N D A   O   G
D   M   I   E D A M
O   B   A L F   R
W R E S T   E X A M S
  R   S P Y   W   P
P O S T   E   U   R
U   O   S I M P L Y
  S M O C K   E   L
T       Y E A S T Y
```

48

```
F A L L O F F   V I S
I   A   L   A   I   W
G E T   D E S E R V E
U   E   E   T   G   E
R A R E S T   S O F T
E   T       B     D
O G R E   V I E W E R
F   E   C   K   O   E
F U S I L L I   M I A
U   E   E   N   A   M
N E T   F R I E N D S
```

Solutions

49

A		E	C	L	E	C	T	I	C
N	A	V	Y			O		N	
N			E	S	T	I	M	A	T	E
A	S	K		O		M		H	
	U		U	N	B	I	A	S	E	D
	C		N		M	N		E	
O	C	C	U	P	I	E	D		
	E		S		X		C	D	T
R	E	Q	U	E	S	T	S		A
	D		A			Y	E	A	R
I	S	O	L	A	T	E	D		S

50

I		S	S		P		S		A
C	R	E	E	P		I	S	L	E	S
E		X		U		S		A	S
S	A	T	I	R	I	C		Y	O	U
	E			E		E		R	
M	A	T	T	E		S	O	L	V	E
A			R				I		
N	C	O		R	E	M	O	V	A	L
A		B		A		A		E	E
G	R	O	W	N		I	D	L	E	S
E		E	D		N		Y		S

51

	A		I		A	F	T	E	R
G	R	A	D	U	A	L		A		O
	C		I		A	T	L	A	S
J	A	C	O	B		R		E		E
	N		T		B	M	W		
S	E	R	I	F		S	O	U	T	H
			C	A	M		U		R
L		D		C		S	N	E	A	K
I	N	E	R	T			D		D
M		S		O	R	D	E	R	E	D
B	A	K	E	R			D		S

52

I	R	O	N	I	C		A		I
O		H			O		L	A	M	P
N		M	I	R	O		I		A	G
I				R		A		G	
C	O	M	R	A	D	E	S	H	I	P
	P			I			N	
S	T	I	F	F	N	E	C	K	E	D
	O		I		A			O	
	U		R		T	I	E	R		U
A	T	O	M		E		Y		B
	S		S		D	I	R	E	C	T

53

D	E	A	L	T		B	E	I	G	E
E		T		R		R		S		G
T	I	M	P	A	N	I		R	A	G
A			M		N		A		Y
C	H	A	M	P	A	G	N	E	
H		C		R		L		A	
		Q	U	O	T	A	T	I	O	N
S		U		A	N				C
K	O	I		S	T	O	M	A	C	H
I		R		E		D	U	O	
P	R	E	S	S		E	A	G	E	R

54

	S	T	A	T		C	A	S	K
B		E		U	N	O		A		C
L	O	A	N	S		P	S	Y	C	H
A		R		K		I		S		O
C	U	S	P		H	E	R	O	I	C
K			E		S		S		O
M	O	M	E	N	T		A	W	O	L
A		A		R		P		I		A
I	N	T	R	O		L	I	S	Z	T
L		C		B	O	A		E		E
	G	H	E	E		Y	A	R	D	

Solutions

55

```
  G R A N D J U R Y
D   E   O   A   E
R O A D S   C O M I C
O   L   E   K     O
P H I L   F A L C O N
D   Z   S   L   A   T
E X E M P T   B R I E
A     I   S   T   M
D I O D E   T R O O P
      D   L   I   O   T
  M E A S U R I N G
```

56

```
  A   V   L U R K S
S T R A N G E   H   A
  E   C   G R E A T
A M O U R   E   A   E
  P   O   E N D
F O R U M   D R A W S
    S E O   E   A
S   L   S   U S U R P
H E A D S   S   I
I   W   E L D E R L Y
P I N E S   S   Y
```

57

```
F E M M E F A T A L E
A   E   I   R   E
O R D E A L   U N I X
    E   M G M   S
F L A M E S   P O U T
I   I   E   R
A N O N   A N T H E M
E   I N N   I
C A L M   I R O N E D
G   U   O   D   U
T E R M I N A T I N G
```

58

```
B U S I E S   A M P S
E   H   T   S   O   I
L E A   H I T T I N G
O   L   O   U   M
W I L E S   B U R M A
    O   I
T O W N S   A P T L Y
O   T   M   U   O
R A V I O L I   A I D
C   I   W   G   L   E
H O P E   F O S S I L
```

59

```
A C C O R D A N C E
D   A   L   H
D U V E T   T H A N K
E   I   H   O   I   A
D E E M E D   E N V Y
    W   R   H   G
T A P E   G O K A R T
U   O   E   L   N   O
G R I N D   D O G M A
    N   E   U   S
  S T A N D P O I N T
```

60

```
    C       P L O D
S C E N I C   A   I
I   L   H A L T   S
M I E N   U   M A C
U   B E N G A L I   J
L   O   I   O
A   E N G A G E D   C
T O N   I   D A R K
I   T H U D   T   E
N   E   S A F E T Y
G L O W       D
```

Solutions

61

M	E	T	R	O				S	I	C	K
O		O		C	Y	S	T		O		
R	E	T	I	R	E		O	A	R		
O		A		T		I		G			
C	P	L		C	I	R	C	U	I	T	
C		E		U		I					
O	U	T	C	O	M	E		L	U	C	
	S		H		O		E			K	
	A	W	E		S	I	N	G	L	E	
	G		A	D	S	L		A		T	
T	E	M	P				K	I	L	L	S

62

	A	B	E	T		A	R	T	Y	
C		A		E		C		R		
A	M	Y		E	C	H	O	I	N	G
P		O		T		E		A		A
T	A	U	G	H	T		G	L	U	M
U			U			E				E
R	A	F	T		S	W	E	A	R	S
E		L		O		A		S		H
S	T	A	R	V	E	S		T	A	O
		S		E		T		E		W
	C	H	A	R		E	A	R	N	

63

D	I	A	N	A		F	I	F	T	Y
A		L		R		U		A		A
H	O	L	B	E	I	N		T	O	M
L			N		G		I			S
I	S	O	L	A	T	I	N	G		
A		P		I		U		A		
	P	R	E	C	E	D	E	N	T	
S		R		X		D		T		T
A	V	E		A	L	G	E	B	R	A
R		S		C		E		I		C
I	N	S	E	T		D	I	T	C	H

64

	C	O	W	O	R	K	E	R	S	
A		A		X		I		E		W
G	U	T	S	Y		C	A	M	E	O
I			G		K		O			R
T	A	S	T	E	D		E	V	I	L
A		T		N		F		E		D
T	R	A	P		J	I	G	S	A	W
I		T		O		D				I
O	N	I	O	N		D	I	V	E	D
N		O		C		L		E		E
	I	N	T	E	R	E	S	T	S	

65

P	U	B	L	I	C	A	T	I	O	N
	N		A		O		D		O	
B	A	H	T		K	E	N	Y	A	N
	W		E		E		L		E	
M	A	R	R	Y		I	S	L	E	T
	R		A		T		X			
S	E	A	L	S		L	I	P	P	Y
A		N		F		L		L		
L	E	G	A	T	O		T	H	A	N
A		S		A		O		I		
D	E	T	E	R	M	I	N	I	N	G

66

G	A	M	E		E	S	C	A	P	E
A		A		A		I		S		N
G	O	G	G	L	E	S		C	O	G
A		I		L				I		I
	A	C	T	I	V	A	T	I	O	N
A			E		W					E
T	R	A	N	S	L	A	T	E	S	
O		M			R		N		U	
N	D	A		U	N	D	R	E	S	S
C		Z		R		S		M		E
E	V	E	N	L	Y		A	Y	E	S

Solutions

67

P	O	S	E	S			R	A	R	E
A		T		F	O	C	I		A	
R	E	A	S	O	N		C	O	T	
S		R		T		C		I		
N	U	T		M	O	N	I	T	O	R
I			R		G		G			E
P	O	R	T	I	C	O		R	T	F
	L		H		A		U		I	
	D	Y	E		S	T	O	L	E	N
	E		F	L	E	A		E		E
U	N	I	T				B	O	R	E	D

68

69

70

71

72

Solutions

73

74

75

```
E M P O R I A . . .
. E . I . U N T I E
S T Y L I . N . O . X
W . . N . A . N B C
I N S T A N T L Y . U
T . D . U . . S
C . A D V E R T I S E
H O G . A . E . . M
E . A . N . L E A S E
D O R I C . . T . T
. . . E N M A S S E
```

76

```
P . A . W P M . W
R A B B I . I R A T E
O . L . F . D . R
P H Y S I C I S T S
U . L . R . T . H
M . A L O N E . A
A . N . A . L . K
N E G O T I A T E D
. X . A . N . O . R
W H I S K . K R O N A
. T . S A Y . L . Y
```

77

```
. H . E . M I N U S
T A B L E A U . E . A
. I . E . M O A N S
F R U M P . B . R . H
. D . E . O L D
Y O U N G . E A G L E
. . T R Y . N . A
T . T . U . S C O P E
B L O O M . . I . T
S . E . P H A N T O M
P A S T Y . . G . P
```

78

```
W A R M T H . T O S H
O . E . . U . I . A
R A C I S M . T A M P
S . U . . A . A . U
T A R T A N . N O R M
. I . H . N . I . A
U R D U . A R C T I C
. P . N . T . H . A
T O A D . U N R E A D
. R . E . R . M . E
S T A R . E F F E C T
```

Solutions

79

```
S E C U R E . C Z A R
T . O . E . S . E . I
U R N . N U M B E R S
F . S . D . E . . K .
F E E D S . E L E G Y
. N . . . . . L . . .
E N T R Y . L A Y E R
A . A . I . S . O . .
R E V E N G E . I C Y
L . C . K . I . U . A
Y A R N . E N A M E L
```

80

```
S T I R U P . . A . B
C . N . R . C L A Y .
R . K I L O . T . B .
E . . . G . O . Y . .
W O N D E R I N G L Y
. R . . E . . . . O .
D I S C U S S I O N S
E . L . S . . . . U .
N . U . I D O L . I .
S T A B . O . . E . N
. S . S . N A M I N G
```

81

```
M . B . W . R . L . M
A R O S E . A D I E U
G . U . I . I . A . D
I G N O R E S . R A D
. D . . I . L . E . .
A R S O N . N O I S E
R . U . . . M . . . .
M A D . C R A M P E D
I . A . L . V . U . U
N A I V E . O U G H T
G . S . I . W . N . Y
```

82

```
B E A T U P . . . A .
R . O . . A N T I C .
E N T E R S . E . M .
W . H . H . E K E D .
E . E . H A L . R . .
D U M B O . E V A D E
. . E . B I O . K . R
V A S T . N . . E . A
. R . I . G R I N D S
. T A N G O . R . E .
. S . . T O K E N S .
```

83

```
. D E P E N D E N T .
P . M . X . E . E . .
O P E R A . M A O R I
S . R . M . A . . N .
T A G S . O N S P E C
P . E . F . D . A . O
O D D S O N . S C U M
N . . U . P . K . I .
E A T E R . A L I G N
. . O . T . L . N . G
. M Y T H O L O G Y .
```

84

```
S E N S I T I V I T Y
O . I . A . A . O . .
R I G H T S . M O P S
T . H . S . P . S . .
S E T T O . W I S P Y
. L . R . R . R . I .
K E Y E D . W E E N Y
. G . M . O . B . E .
D I D O . P H O B I A
A . L . U . . E . R .
A C E O F S P A D E S
```

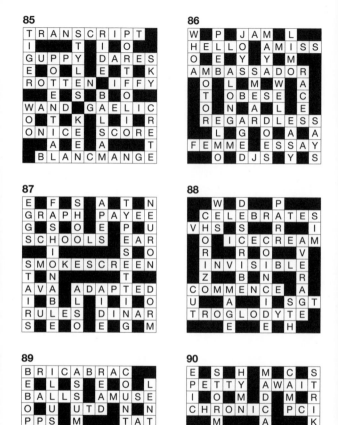

Solutions

85

```
T R A N S C R I P T
I     T   I   O
G U P P Y   D A R E S
E   O   L   E   T   K
R O T T E N   I F F Y
    E   S   B   O
W A N D   G A E L I C
O   T   K   L   I   R
O N I C E   S C O R E
    A   E   A   T
  B L A N C M A N G E
```

86

```
W   P   J A M   L
H E L L O   A M I S S
O   E   Y   Y   M
A M B A S S A D O R
    O   L   M   W   A
    T   O B E S E   C
    O   N   A   L   E
    R E G A R D L E S S
    L   G   O   A   A
F E M M E   E S S A Y
    O   D J S   Y   S
```

87

```
E   F   S   A   T   N
G R A P H   P A Y E E
G   S   O   E   P   U
S C H O O L S   E A R
  I       S   O
S M O K E S C R E E N
T   N       T
A V A   A D A P T E D
I   B   L   I   I   O
R U L E S   D I N A R
S   E   O   E   G   M
```

88

```
  W   D   P
  C E L E B R A T E S
V H S   S   R   I
O   I C E C R E A M
R   R   O   V
I N V I S I B L E
Z   B   N   R
C O M M E N C E   A
U   A   I   S G T
T R O G L O D Y T E
    E   E   H
```

89

```
B R I C A B R A C
E   L   S   E   O   L
B A L L S   A M U S E
O   U   U T D   N   N
P P S   M       T A T
  T R E S T L E
C A R   A   R E F
A   A   W A R   P   E
B A T H E   M E A N T
S   E   N   A   R   E
  D E D I C A T E D
```

90

```
E   S   H   M   C   S
P E T T Y   A W A I T
I   O   M   D   M   R
C H R O N I C   P C I
    M       A   K
B U S E S   P R I D E
R   I       C
O A F   T E E N I E R
W   R   U   C   C   E
S L E E P   H A L V E
E   E   S   O   E   F
```

Solutions

91

92

93

94

95

96

Solutions

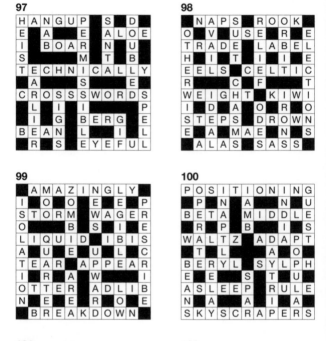

97

H	A	N	G	U	P		S		D	
E		A			E		A	L	O	E
I		B	O	A	R		N		U	
S				M			T		B	
T	E	C	H	N	I	C	A	L	L	Y
	A			S			E		E	
C	R	O	S	S	S	W	O	R	D	S
	L		I		I					P
	I		G		B	E	R	G		E
B	E	A	N		L		I		L	
	R		S		E	Y	E	F	U	L

98

	N	A	P	S		R	O	O	K	
O		V		U	S	E		R		E
T	R	A	D	E		L	A	B	E	L
H		I		T		I		I		I
E	E	L	S		C	E	L	T	I	C
R			C		F					T
W	E	I	G	H	T		K	I	W	I
I		D		A		O		R		O
S	T	E	P	S		D	R	O	W	N
E		A		M	A	E		N		S
	A	L	A	S		S	A	S	S	

99

	A	M	A	Z	I	N	G	L	Y	
I		O		O		E		E		P
S	T	O	R	M		W	A	G	E	R
O		B		S		I		I		E
L	I	Q	U	I	D		I	B	I	S
A		U		E		U		L		C
T	E	A	R		A	P	P	E	A	R
I		R		A		W				I
O	T	T	E	R		A	D	L	I	B
N		E		E		R		O		E
	B	R	E	A	K	D	O	W	N	

100

P	O	S	I	T	I	O	N	I	N	G
	P		N		A		N		U	
B	E	T	A		M	I	D	D	L	E
	R		P		B		I		I	
W	A	L	T	Z		A	D	A	P	T
	T		L		A		O			
B	E	R	Y	L		S	Y	L	P	H
E		E		S		T		U		
A	S	L	E	E	P		R	U	L	E
N		A		A		I		A		
S	K	Y	S	C	R	A	P	E	R	S

101

	F		G			F	R	I	E	S
Q	U	I	E	T	E	R		B		E
	T		N			A	L	E	R	T
T	I	R	E	S		M		X		S
	L		R		P	E	R			
M	E	R	I	T		S	O	C	K	S
		C	H	I		U		U		E
P		H		R		S	T	A	Y	S
L	O	T	T	O			I		I	
O		M		W	A	R	N	I	N	G
T	A	L	O	N			E		G	

102

R	E	G	I	S	T	E	R	I	N	G
U		A		O		E			U	
I	M	M	U	N	E		C	U	R	B
N		E		D		K		T		
G	A	R	B	S		G	O	O	U	T
R		L			N		N		R	
S	T	O	O	D		A	S	K	E	D
	D		W		P			O		R
R	E	D	O		A	R	G	A	L	I
	C		U		L		L		L	
C	O	N	T	E	M	P	L	A	T	E

Solutions

103

```
C . . H I G H T I D E
R E N O . . O . A . .
O . . P A S S P O R T
C P R . P . I . . . K
. A . D E D U C I N G
. T . E . O . A . E .
P H Y S I C A L . . S
. E . I . I . . N S W
S T A R T E R S . . I
. I . E . . . I N O N
A C A D E M I C . . K
```

104

```
. P A R O C H I A L .
. T . R . W . Y . G .
A P R O N . S E E D S
X . E . S . S . . . T
A W A Y . C O N C U R
T . R . V . P . R . E
I S S U E D . V E S T
O . N . S . A . . C .
N A K E D . C A T C H
. I . O . . A . E . Y
. A N D R O M E D A .
```

105

```
I N T E R A C T I V E
. O . B . P . H . A .
D O U B T S . E O N S
. D . . . E . O . . .
A L L O W . W R A T H
. E . P . . E . I . .
A S H E N . I M A G E
. . . N . X . . . H .
U L N A . M E R I T S
. U . I . A . T . L .
E X P R E S S W A Y S
```

106

```
. S W U M . H I T S .
C . H . A L I . A . A
O B E Y S . D E B T S
M . R . K . D . O . S
P E E R . R E M O V E
O . . C . N . . N . S
U S A B L E . P R O S
N . M . I . A . A . I
D R E A M . B E G U N
S . N . B E L . E . G
. O D D S . E A S T .
```

107

```
M . S . O . P . T . S
U S H E R . R O U G H
L . O . A . A . N . A
E Q U A L L Y . A R K
. . T . . . E . E . .
W I S P S . D I V A N
H . A . . . A . I . .
O E D . D U B I O U S
O . R . D . L . L . O
P H O N E . U P E N D
S . P . N . E . T . A
```

108

```
. E M I T . F A C E .
T . A . I . I . H . .
H A N . T E R M I N I
O . I . L . E . N . G
R E A D E R . C A I N
O . U . . . G . . O .
U P O N . S P I D E R
G . G . D . A . I . I
H A R D E N S . G I N
. E . W . T . I . G .
. A S H Y . A C N E .
```

Solutions

109

```
  P R E F E R R E D
S U   E   A   A   S
U N T I L   G A S S Y
G   I   E   I   I   N
A C C E N T   W E L T
R   L   E   S   S   A
C R E W   S T A T I C
U   A   B   U       T
B A N A L   B I N D I
E   U   O   B   A   C
  A P O C R Y P H A
```

110

```
    Z   M     P
  L I V I N G R O O M
F A T   S     A     O
Y     S P R A Y T A N
I     L   D     M
  N I C A R A G U A
T     C   P     Z
C O N S E N T S   I
O     I     I   A N Y
P O S T P O N I N G
    S     G   T
```

111

```
B E L I E F   H   P
E   I       O   A I R S
Z   P I E R   I   O
E       G   K   B
L A B O R I O U S L Y
  L     V       E
C L U S T E R B O M B
  E   W   N       Y
  G   E   E A R L   F
A R I A   S     O   A
  O   T   S A I L O R
```

112

```
  S T E W   R A C E
S U   A C E   Y   B
U N D E R   M O C H A
B   O   P   O   L   N
S U R E   A T T E N D
C     C   E       W
R A N G E D   W I K I
I   O   R   O   C   D
B L I N I   B U I L T
E   S   S H E   E   H
  T Y P E   Y O R E
```

113

```
  R E S E R V I N G
E   N   U   I   S
S U G A R   S T A F F
S   A   O   U     O
E R G O   G A T E A U
N   E   H   L   M   R
C U S T O M   C E L T
E     N   H   R   E
S O A P S   A N G L E
  Y   H   I   E   N
  R E P U B L I S H
```

114

```
S   G   C   M   D   A
K N E E L   A V E R S
E   N   O   K   S   W
W R E S T L E   T I E
  R       I   L
T R A D I T I O N A L
E   T       A
M A I   J O I N T L Y
P   O   E   N   I   A
L E N D S   F R O C K
E   S   T   O   N   S
```

Solutions

115

```
  C L A P   F A D S
B   I   A   R   I
L O B   D R E S S U P
A   R   R   T   C   R
S H A R E D   R O M A
T     E     A     C
O W E D   U T M O S T
F   B   M   E   D   I
F L O W E R S   D L C
    N   Z   T   L   E
  H Y P E   S T Y X
```

116

```
S   P   L I T   A
C E L L O   U R G E D
A   O   G   T   U
R E P R O D U C E D
  A   E   E   H   A
  T   T I N G E   N
  U   R   S   A   C
  P R O P E R T I E S
  I   R   O   T   U
U N C L E   T R E A D
  E   P J S   M   S
```

117

```
S E L F R E S P E C T
  P   R   N   X   E
L I Z A R D   S T E M
  S   N   E   R   P
D O L T   D R E A M T
  D   I   X   A
W E B C A M   A N N E
I   R   O   C   A
P L A N   D O T A G E
E   V   E   L   E
S O O T H S A Y E R S
```

118

```
S   L   S   M   S   C
P R I C E   E X C E L
A   G   A   M   A   O
S C H E R Z O   B C C
  T       R       K
E N S U E   Y E L P S
S     N     O
C N N   E X E C U T E
R   A   R   R   N   W
O W I N G   A L G A E
W   L   Y   S   E   S
```

119

```
D   M O T I V A T E
A Q U A   A   I
U   T H E O R E M S
B I G   I   I   E
  N   O D D B A L L S
  T   W   I   N
M I D N I G H T   S
  M   G   O   D S T
M A J O R I T Y   E
  T   A   E V E N
H E L L B E N T   D
```

120

```
  O V U M   W O K E
O   I   U V A   E   E
R O L E S   L A N D S
G   E   K   K   D   T
A W R Y   C O R O N A
N     E   N     B
I N V E N T   T I L L
S   I   R   I   N   I
M E D I A   D I N E S
S   E   G E L   E   H
  R O V E   E R R S
```

Solutions

121

M	O	D	I	F	Y		C	A	R	D
A		I		A		F		K		E
C	O	S		C	O	L	L	A	G	E
E		T		E		A		A		D
S	O	U	N	D		T	W	I	N	S
R					N					
R	E	B	U	S		C	A	J	U	N
A		L		R		U		U		E
C	A	S	C	A	D	E		R	A	W
K		A		B		D		E		E
S	I	P	S		H	O	L	D	E	R

122

	A	U	T	O	G	R	A	P	H	
P		M		N		E		R		B
A	G	A	P	E		F	L	O	U	R
R			D		S		J			I
A	S	H	R	A	M		V	E	A	L
G		E		Y		B		C		L
R	E	A	P		M	A	I	T	A	I
A		V		F		F				A
P	I	E	T	Y		F	I	T	I	N
H		R		L		L		O		T
	M	O	V	E	M	E	N	T	S	

123

	E	V	E	R	Y	B	O	D	Y	
O		A		O		E		V		
B	U	R	R	O		A	U	R	A	S
S		Y		F		C				H
C	O	I	L		P	O	N	C	H	O
U		N		D		N		O		R
R	E	G	A	I	N		S	M	U	T
E				K		O		M		E
D	E	B	I	T		P	E	E	R	S
		R		A		A		N		T
	P	O	S	T	U	L	A	T	E	

124

S	E	A	R	C	H	L	I	G	H	T
	X		E		I		E		R	
C	O	O	L		C	H	A	N	C	E
	T		Y		K		O		A	
C	I	V	I	C		E	N	A	C	T
	C		N			A		R		
H	A	N	G	S		A	S	S	E	S
Y		A		T		T		T		V
D	A	N	I	S	H		I	R	I	S
R		C		E		E		E		C
A	S	Y	M	M	E	T	R	I	E	S

125

	J	I	M		W	A	R	M	U	P
	A		E		P		E			A
P	R	I	M		S	P	A	S	M	S
U			E		U		O			S
B	O	R	N	A	G	A	I	N		W
L			T		G		T			O
I		R	O	S	E	W	A	T	E	R
S		E		S		L				D
H	E	I	G	H	T		I	L	L	S
E		G		A		A				
D	O	N	A	T	E		N	O	T	

126

B		P	T		B		V		S	
I	D	L	E	R		E	V	I	C	T
F		A		U		R		E		R
F	A	N	B	E	L	T		W	Y	E
		E				H				E
P	O	S	T	S		S	K	I	R	T
U			U			U		N		
L	E	T		B	L	O	S	S	O	M
S		E		T		U		I		O
A	T	A	L	L		C	A	S	T	S
R		K		Y		H		T		T

Solutions

127

	G	P			P	E	K	O	E
R	E	F	R	E	S	H		N		Y
	L		O		A	L	I	K	E	
F	A	R	M	S		S		T		D
	T		P		P	E	G			
R	O	O	T	S		D	E	C	A	Y
			S	E	C		T		B	
W		S		A		F	L	O	O	D
O	T	H	E	R			O		A	
L		O		C	E	N	S	O	R	S
F	R	E	S	H			T		D	

128

U	N	F	A	I	R		C		E	
V		I		E		R	O	A	D	
U		G	A	L	S		O		S	
L			T		W		T			
A	P	P	E	A	R	A	N	C	E	S
E			I		R					
E	N	F	O	R	C	E	M	E	N	T
	A		O		T					W
	L		M		I	N	K	S		I
A	T	O	P		O				U	C
	Y		H		N	I	M	B	L	E

129

M	E	D	I	C	A	T	I	O	N	S
	L		N		L		U			I
V	E	N	D		L	O	I	T	E	R
	C		U		Y		D		E	
S	T	O	C	K		F	R	O	W	N
	O		E			I		A		
T	R	E	S	S		S	P	A	S	M
H		M		G		I		H		
R	E	E	C	H	O		N	A	T	O
O		R		A		T		U		
B	E	Y	O	N	D	D	O	U	B	T

130

C	H	A	K	R	A		P	U	C	K
O		N		S		H		H		
A	L	I	E	N	S		A	C	I	D
S		M		U		R		A		
T	R	A	U	M	A		A	U	N	T
E		P		G		O		T		
A	V	E	R		E	T	H	N	I	C
	O		I		M		A		A	
P	L	U	G		E	A	S	I	E	R
V		H		N		L		D		
M	E	E	T		T	R	U	S	T	S

131

| | R | A | M | P | | R | I | S | E | |
|N| |T| |U|T|E| |T| |E|
|A|C|T|U|P| |C|L|A|I|M|
|R| |I| |S| |K| |I| |B|
R	A	C	K		C	O	U	R	S	E
O			I		N		N		D	
W	A	D	I	N	G		I	B	I	D
E		A		A		W		L		I
S	T	R	E	W		A	D	O	R	N
T		E		A	U	K		O		G
	E	D	G	Y		E	N	D	S	

132

| S | | F | | N | | A | | F | | A |
|P|O|L|I|O| |S|W|I|N|G|
|U| |O| |P| |T| |L| |R|
N	O	W	H	E	R	E		M	O	E
		E				R			E	
R	A	D	A	R		N	O	M	A	D
E			E				O			
T	O	G		A	D	V	I	S	E	S
A		L		C		I		T		O
I	N	E	P	T		B	I	L	L	S
L		N		S		E		Y		O

Solutions

133

```
L E V Y . E L E V E N
U . I . A . I . E . E
S H O W B I Z . L A W
T . L . A . . . D . E
. C A L C U L A T E S .
J . . U . O . . . T
O C C A S I O N A L .
Y . R . K . F . P
F D A . F R E T F U L
U . F . O . D . I . U
L I T T E R . A X I S
```

134

```
I N G R A T I T U D E
. U . I . H . E . V
E M I G R E . L I D S
. E . . Y . L
P R I S M . W I N E S
. I . M . . N . P
I C E A X . A G A I N
. . L . O . . . T
D U L L . H O T D O G
. K . E . M . E . M
R E P R E S E N T E D
```

135

```
O V E R W H E L M S .
C . . I . X . A
T R A P S . P U N I C
E . L . E . O . I . B
T A O I S M . O F F S
. N . T . R . E
P E G S . F I E S T A
U . S . S . B . T . L
T R I B E . B O O S T
. D . E . O . . . A
. T E R M I N A T O R
```

136

```
. G L A D I A T O R .
A . A . E . I . P . P
R I G H T . M E T A L
R . . E . . S . I . U
O B S E S S . A M E N
G . Y . T . S . U . D
A I L S . S T Y M I E
N . L . C . A . . . R
C L A S H . C A B L E
E . B . I . K . E . R
. D I S C U S S E S .
```

137

```
. L U N G . I N C H .
G . N . Y I N . L . A
O C C U R . S W I S S
L . U . O . A . M . S
D O T S . U N A B L E
M . . D . E . . . N
E M P L O Y . B A I T
D . E . L . C . M . I
A N N U L . U R B A N
L . C . O U R . E . G
. H E M P . E A R S .
```

138

```
H O R N E T . Z E A L
E . A . A . A . F
A T R I S K . P U F F
R . E . . E . P . R
T H R E A T . I R O N
A . N . H . N . N
C N U T . E I G H T H
. G . R . L . E . O
M I N I . E M B R Y O
. N . E . A . . O . D
A G E S . D R I N K S
```

Solutions

139

140

141

142

143

144

Solutions

145

	G	A	R	B		S	O	F	A	
P		B		R	E	V		A		C
L	E	A	V	E			E	Q	U	A	L
A		C		D		L		L		A
I	C	K	Y		S	T	A	T	E	S
N			C		E				S
T	R	A	I	L	S		E	W	E	R
I		L		I		D		I		O
F	U	D	G	E		R	O	D	E	O
F		E		N	B	A		O		M
	G	R	I	T		G	O	W	N	

146

F	A	R	M	E	R				T	
E		U		O	L	D	E	R		
W	I	S	D	O	M		O		I
E		C		E		S	M	O	G
S		A		J	O	B		I
T	E	M	P	O		B	U	N	C	H
		P		E	S	Q		I		A
A	M	I	D		P		M		N
	E		A		O	N	W	A	R	D
	E	L	E	C	T		A			E
	K			S	I	G	H	E	D

147

S		E		F	I	R		R		
N	O	V	E	L		O	P	E	N	S
A		E		A		A		D
P	A	R	A	P	H	R	A	S	E
	L		D		O	O	D		R
	B		M	O	U	T	H		O
	U		I		S		O		D
	M	O	T	L	E	Y	C	R	E	W
	V		U		E		U		I
Q	U	A	I	L		L	A	G	E	R
		L		L	A	P		S		E

148

A	D	J	U	S	T	M	E	N	T	S
L		U		U		X		H	
T	A	N	D	E	M		P	E	E	K
		T		M	A	O		R		A
A	P	A	T	H	Y		S	U	M	S
	R		O			E		A
B	O	L	T		S	A	D	D	L	E
	V		A	L	P			R
G	I	R	L		R	I	V	A	L	S
	S		L		E		I		A
P	O	L	Y	T	E	C	H	N	I	C

149

		C		M		H			
	S	U	P	E	R	V	I	S	E	D
D	T	P		C		G			U
I			S	H	E	P	H	E	R	D
C		A		O		A		A
K	I	D	N	A	P	P	E	D
T			I		U		I
C	O	U	N	C	I	L	S		C
D		A		A		V	A	L
C	O	M	M	E	R	C	I	A	L
		E		E		T

150

S	M	N		P		O		A
P	H	A	S	E		A	B	Y	S	S
I		R		A	D		E		S
N	E	G	A	T	E	D		Z	O	E
		I			L		R
D	I	N	E	D		E	G	R	E	T
E			R			I
C	O	W		A	D	V	I	S	E	D
O		A		F		I	K		O
D	I	G	I	T		C	H	E	S	T
E		S		S		E		D		E

Solutions

151

A	L	G	E	B	R	A	I	C	
O		E		R		U		N	P
V	I	G	O	R		E	T	H	E	R
E			A		D		E		O
R	E	F	I	N	E		B	R	A	M
D		I		T		M	I		O
R	E	N	T		B	E	A	T	I	T
A		A		B		R			I
F	E	N	C	E		G	E	C	K	O
T		C		E		E		A		N
	R	E	P	R	E	S	E	N	T	

152

B	I	C		A	V	O	I	D	E	D
I		L		V		R		D		R
T	W	A	N	G		B	U	S	H	Y
E		U		I			I			A
R	E	S	T	A	R	T		T	A	D
		E		B		A		A	
H	I	S		Y	U	L	E	L	O	G
A			S			K		E	
T	O	T	E	M		F	A	I	N	T
E		L		A		A		N		O
S	E	C	U	L	A	R		G	U	N

153

G	N	O	S	T	I	C	I	S	M
A			H		A		T		
F	L	A	M	E		F	E	R	R	Y
F		M		O		E		A		A
E	M	P	I	R	E		S	T	E	P
L		Y		G		E		
W	A	I	L		L	E	N	G	T	H
A		F		S		M		I		U
D	R	I	L	L		I	N	C	U	R
		E		O		N				R
	P	R	I	G	G	I	S	H	L	Y

154

	T	A	C	O		P	E	P	S
E		R		W	T	O		A		E
L	O	O	S	E		P	I	C	K	S
O		M		S		A		E		P
Q	U	A	Y		G	R	U	D	G	E
U			D		T			R
E	D	G	I	E	R		Y	O	G	A
N		U		S		D		N
C	H	I	L	I		U	P	S	E	T
E		D		G	O	A		E		O
	W	E	A	N		L	U	T	E	

155

		R				G	L	I	B
S	I	E	R	R	A		P		U
I		N		C	R	A	M		D
G	R	E	W		E			A	D	D
N		W	H	I	S	K	E	R		Y
A		O			M		B
T		A	M	A	T	E	U	R	
U	S	P		A		S	A	I	D
R		T	O	I	L		V		D
E		D		L	O	N	E	L	Y
S	U	E	D				S	

156

	O		Z		M	U	M	M	Y
I	N	F	E	R	N	O		O		O
	R		A		T	R	A	I	L
C	U	R	L	Y		O		T		K
	S		O		P	R	Y		
S	H	R	U	B		S	I	F	T	S
		S	L	Y		D		H	
S		J	U		A	D	O	R	E
W	O	O	E	R		I		O	
A		W		B	E	E	S	W	A	X
M	I	L	E	S		H		T	

Solutions

157

A	C	C	O	U	N	T	A	N	C	Y
	H		P		E		O		A	
M	E	T	E		E	X	O	T	I	C
	A		N		D		E		K	
S	P	O	O	L		R	I	D	E	S
	L			U		S		L		
C	Y	S	T	S		F	L	U	I	D
I		T		S		A		S		
D	I	E	O	U	T		M	A	I	M
E		E		U		I		O		
R	E	P	R	O	D	U	C	I	N	G

158

G	U	R	K	H	A		E	A	V	E
L		I		H		X		E		
E	N	S	U	R	E		H	E	R	B
A		K		A		I		A		
M	E	S	S	E	D		B	E	N	T
	C		O		O		I	D		
C	O	D	A		F	A	T	C	A	T
	N		P		T		R		R	
W	O	M	B		I	G	N	O	R	E
	M		O		M			P		E
L	Y	N	X		E	X	I	S	T	S

159

C	L	O	N	E	S				K	
H		F		T	R	A	C	E		
A	Z	A	L	E	A		M		E	
P		N		V		P	U	L	L	
E		I		B	E	V		N		
L	E	M	M	A		I	N	L	E	T
	A		H	U	M		O		E	
J	O	L	T		T		C		N	
O		U		T	A	L	K	E	D	
	P	I	X	I	E		O		E	
S			R	E	G	A	R	D		

160

R	E	I	N	S	T	A	T	E	D	
	S		O		I		A		I	
A	C	I	D	I	C		C	E	D	E
	A			S		T				
S	P	E	E	D		C	I	T	E	S
	E		T			C		V		
A	S	P	E	R		A	S	K	E	W
		R		D					R	
S	P	A	N		R	E	F	L	E	X
	A		A		A		O		S	
D	E	L	I	B	E	R	A	T	E	

161

D	O	U	B	L	E	F	A	U	L	T
	N		R		R		N		A	
A	T	E	A	S	E		H	I	N	T
	H		I		C		O		T	
R	E	A	L		T	W	E	N	T	Y
	G		L			N			Y	
M	O	D	E	L	S		C	O	P	E
U		E		U		O		H		
S	I	N	S		R	A	D	I	O	S
I			E		E		E	O		
C	O	M	P	A	R	I	S	O	N	S

162

	I	N	T	E	L	L	E	C	T	
R		O		A		A		L		A
E	A	V	E	S		D	R	E	S	S
P			T		Y		A		A	C
R	I	D	D	E	N		T	R	E	E
O		I		R		G		L		N
D	O	S	E		P	L	A	Y	E	D
U		P		O		I		I		
C	H	O	I	R		D	O	Y	E	N
E		S		B		E		A		G
	K	E	Y	S	T	R	O	K	E	

Solutions

163

```
.  M  B  .  .  S  T  E  E  L
S  O  P  R  A  N  O  .  A  .  E
.  S  .  E  .  L  U  C  R  E
K  A  Y  A  K  .  E  .  H  .  S
.  I  .  K  .  B  L  T  .  .
S  C  R  U  B  .  Y  A  R  D  S
.  .  .  P  E  N  .  R  .  E
J  .  C  .  C  .  A  G  R  E  E
P  H  O  T  O  .  .  E  .  P
E  .  R  .  M  O  R  T  A  L  S
G  E  N  I  E  .  .  S  .  Y
```

164

```
D  I  S  T  R  I  B  U  T  E  S
U  .  A  .  D  .  N  .  D
T  U  N  N  E  L  .  D  R  I  P
C  .  E  .  Y  .  O  .  T
H  E  R  O  D  .  V  I  S  I  T
.  X  .  A  .  .  N  .  O
S  P  O  K  E  .  A  G  O  N  Y
.  L  .  T  .  S  .  L  .  A
T  O  U  R  .  O  P  T  I  O  N
.  R  .  E  .  U  .  V  .  K
R  E  S  E  A  R  C  H  E  R  S
```

165

```
P  E  O  P  L  E  .  P  A  I  D
L  .  P  .  N  .  A  .  N
A  M  I  D  S  T  .  R  U  S  E
N  .  U  .  E  .  T  .  T
T  E  M  P  E  R  .  N  A  A  N
.  Y  .  R  .  P  .  E  .  L
G  E  N  E  .  R  A  R  E  L  Y
.  W  .  T  .  I  .  X  .  U
M  A  T  E  .  S  O  D  I  U  M
.  S  .  N  .  E  .  L  .  M
C  H  A  D  .  S  A  F  E  L  Y
```

166

```
.  .  B  .  A  .  S  .  .
.  S  A  N  D  W  I  C  H  E  S
L  E  D  .  O  .  A  .  .  A
.  V  .  S  P  I  T  T  I  N  G
.  E  .  T  .  R  .  .  E
.  R  E  M  I  N  I  S  C  E  .
.  A  .  O  .  A  .  .  D
G  L  E  A  N  I  N  G  .  L
U  .  U  .  G  .  R  E  X
M  U  L  T  I  P  L  I  E  S  .
.  .  O  .  E  .  P  .  .
```

167

```
.  I  N  N  O  C  E  N  C  E  .
A  .  I  .  P  .  T  .  H  .  T
R  O  B  O  T  .  C  L  E  A  R
C  .  .  I  .  H  .  C  .  A
H  A  V  A  N  A  .  A  K  I  N
E  .  I  .  G  .  A  .  I  .  S
T  O  R  E  .  E  P  O  N  Y  M
Y  .  T  .  M  .  O  .  .  I
P  L  U  M  E  .  G  R  A  N  T
E  .  A  .  M  .  E  .  I  .  S
.  A  L  L  E  G  E  D  L  Y  .
```

168

```
.  W  .  C  .  .  B  R  O  A  D
R  I  S  O  T  T  O  .  K  .  I
.  D  .  U  .  .  G  E  A  R  S
S  E  L  L  S  .  G  .  Y  .  H
.  S  .  O  .  B  L  S  .  .
S  T  O  M  A  .  E  L  B  O  W
.  .  B  R  B  .  U  .  D
S  .  F  .  E  .  W  I  N  D  Y
L  E  A  R  N  .  .  C  .  I
O  .  I  .  A  D  V  E  R  T  S
W  A  R  P  S  .  .  S  .  Y
```

Solutions

169

```
R E L U C T A N T L Y
  C   N   Y     O   A
G O A L   P O O R E R
  L   U   O     S   N
V O U C H   I C O N S
  G   K   H     E
M Y E Y E   V A L U E
O   L   B   O   T
U N I Q U E   T A R N
N   T   A   I   A
T H E A T R I C A L S
```

170

```
O P T I M I S T I C
A     A   U   N
S H O P S   M O T I F
I   B   T   O   E   E
S Y S T E M   W R E N
  T   R   M   V
V E R Y   M U S E U M
I   U   F   E   N   E
V O C A L   S W E A R
    T   E   L     C
  E S P E C I A L L Y
```

171

```
H   G   B   B   B   G
T R U L Y   U S U A L
T   E   T   R   L   O
P O S S E S S   B P S
    T       T       S
C A S E D   S H Y L Y
L       R     E
A I M   A P P E A R S
U   O   I   E   R   O
S E V E N   N I N T H
E   E   S   T   S   O
```

172

```
  I G N O R A N C E
P   E   R   I   A   S
A C N E D   R I V A L
T   A   Y   Y   O   I
R E T A I N   G R O G
O   O   N   R   T   H
N O O K   S U B S E T
I   L   G   S   E
Z E B R A   H E A T S
E   A   S   E   O   T
  P R O P O S A L S
```

173

```
L E A T H E R   P A C
I   S   A   A   I   I
B Y O   L O B S T E R
R   C   O   B       C
A V I D   M I L I E U
R   A   L   T   N   L
Y E L L O W   N O V A
B       V   P   R   R
O I L W E L L   D I S
O   U   R   E   E   A
K E G   S P A R R O W
```

174

```
B E I N G S   A R E S
E   M   I   L   O   I
N I P   B E A N B A G
C   O   E   S       H
H O S T S   H A B I T
    E           L
O R D E R   K N E L L
C   E   O   S   O
H I M S E L F   S O W
E   O   L   T   E   E
R I P E   W A N D E R
```

Solutions

175

L	U	G	G	A	G	E		B	U	T
I		L		B		V		A		R
B	O	O		I	N	E	R	T	I	A
E		W		D		S		O		N
R	A	I	N	E	D		A	N	T	S
A		N		S		B		O		M
L	A	G	S		B	O	N	S	A	I
A			C		T		T		T	
R	A	M	P	A	N	T		R	A	T
T		A		R		O		I		E
S	O	Y		S	A	M	P	L	E	R

176

A	C	C	E	P	T	A	N	C	E	
L			A		R		O			
T	E	D	D	Y		M	E	M	O	S
E		I		I		Y		E		H
R	E	F	U	N	D		A	C	H	Y
		F		G		P		L		
R	E	E	K		T	H	E	E	N	D
A		R		F		Y		A		O
J	U	I	C	E		L	I	N	E	S
		N		T		U				E
	A	G	R	E	E	M	E	N	T	S

177

M	Y	S	E	L	F		D		R	
I		A		O		R	O	O	T	
G		M	O	O	R		A		S	
H		S		G		M		T		
T	I	S	S	U	E	P	A	P	E	R
N			T			T		R		
N	I	G	H	T	M	A	R	I	S	H
	T		A		E				O	
	I		Z		N	U	M	B		N
M	A	C	E		O			U		E
	L		L		T	R	U	S	T	Y

178

F	I	L	M	I	C		C	A	V	E
L		I		O		O		O		I
E	M	B	A	L	M		N	O	O	N
S		E			E		M		L	
H	O	L	L	O	W		O	R	E	S
	V		E		H		T		N	
H	E	R	O		A	B	O	R	T	S
	R		P		T			E		T
G	A	Z	A		M	A	G	P	I	E
	L		R		A			A		M
S	L	E	D		Y	I	E	L	D	S

179

P	A	R	T	I	C	I	P	A	N	T
U		U		A		O		E		
N	U	M	B	E	R		S	O	W	S
T		O		L		T		B		
S	T	R	A	W		M	I	N	O	R
	O		W			N		R		
D	R	A	K	E		A	G	E	N	T
	N		W		B		N		E	
G	A	L	A		I	N	S	T	E	P
	D		R		L		E		E	
G	O	L	D	R	E	S	E	R	V	E

180

E	S	T	A	B	L	I	S	H	E	D
	C		D		I		Y			E
S	O	L	V	E	S		B	E	E	P
	R		I		T		N			T
O	P	T	S		S	Q	U	A	S	H
	I		E			N		M		M
C	O	R	R	A	L		H	O	O	F
O		E		O		E		O		O
L	E	A	P		G	R	A	N	T	S
I		L		I		R		I		H
C	O	M	P	A	C	T	D	I	S	C

Solutions

181

182

183

184

185

186

Solutions

187

188

189

190

191

192

Solutions

193

P	E	N	E	T	R	A	T	I	V	E
	Q		D		I		D		A	
Z	U	L	U		D	E	T	O	U	R
	A		C		S		L		N	
S	T	E	A	K		P	A	S	T	S
	O		T		N		O			
F	R	E	E	S		F	A	I	R	Y
O		L		M		G		P		
L	I	A	B	L	E		R	E	E	D
I		T		S		A		A		
O	V	E	R	T	H	E	M	O	O	N

194

L	A	S	T	E	D		S		B	
I		O		I		T	R	O	Y	
K		B	I	T	S		U		O	
E				T		N		K		
D	E	S	P	E	R	A	T	E	L	Y
	U		U		I			E		
C	R	E	D	I	B	I	L	I	T	Y
	A		A		U					O
	S		T		T	I	E	D		U
F	I	N	E		E			I		T
	A		S		D	R	E	N	C	H

195

P	R	O	D	U	C	T	I	V	E	
I		N		I		A				
P	A	G	E	S		P	A	N	E	L
E		O		E		S		D		A
S	E	T	T	E	E		M	A	N	X
	H		N		F		L			
P	E	R	K		L	I	M	I	T	S
I		O		S		A		S		H
C	L	U	C	K		S	A	M	B	A
	G		I		C			C		K
	P	H	Y	S	I	O	L	O	G	Y

196

	S	Y	M	P	H	O	N	I	C	
B		E		A		W		N		A
R	A	P	I	D		L	A	C	K	S
O				D		S		L		R
A	V	O	C	E	T		G	I	V	E
D		S	S	D		B		N		G
C	U	T	S		P	E	S	E	T	A
A		R		H		W				R
S	E	I	Z	E		A	I	M	E	D
T		C		R		R				S
	C	H	A	L	L	E	N	G	E	

197

	S		E			D	I	V	E	S
S	U	R	N	A	M	E		A		E
	B		S			N	O	R	S	E
S	T	O	U	T		I		Y		N
	L		R		M	E	W			
T	E	N	E	T		D	R	A	N	K
		D	R	Y		I		E		
S		H		O		S	T	E	A	M
P	I	A	N	O		I		R		
A		R		P	R	I	N	T	E	R
T	I	M	E	S			G		R	

198

	A	D	V	A	N	T	A	G	E	
E		E		U		E		A		
V	O	T	E	R		A	L	P	H	A
A		A		A		P				C
L	A	I	R		C	O	S	M	I	C
U		L		C		T		E		E
A	B	S	O	R	B		T	R	I	P
T				A		S		M		T
E	M	P	T	Y		A	D	A	G	E
		E		O		G		I		D
	S	T	A	N	D	A	R	D	S	

Solutions

199

```
    F   B       N
  R E C O R D I N G S
W E B   T   G       A
  G   B A R C H A R T
  U   N   E       E
  L I M I T L E S S
  A   S   L       O
P R I N T O U T   R
E     O   L   B T W
C A N D I D A T E S
    S   R   D
```

200

```
T R A N S F O R M S
R     C   A   E
U L C E R   T I T A N
T   O   O   H   H   U
H A N D L E   B O M B
    D   L   H   D
D E E M   T A R I F F
O   N   M   W   S   A
T A S T E   A R M E D
    E   M   I       E
  A S S O C I A T E D
```

201

```
  A R C H E N E M Y
C   I   I   U   E   E
R A B I D   L I N K S
I   I   I   L   D   S
T Y P I N G   R I T E
I   R   G   R   N   N
C U E S   M I D G E T
I   C   C   P       I
S M I T H   P I Z Z A
M   S   E   E   E   L
  D E G R A D I N G
```

202

```
N O T H I N G N E S S
O   H   E   I   U
O P E R A S   M O R N
S   R   T   B   V
E V E R Y   P L I E D
O   E   E   E   Y
S L O P E   I R I S H
  C   L   O   N   O
K A V A   M O C K U P
  N   C   E   I   E
G O V E R N M E N T S
```

203

```
L O C A L S   S   V
I   U   T   A X E D
L   D A T A   L   H
A       T   S   I
C A P A C I T A N C E
  L   S       L
I L L U S T R A T E S
  T   N   I       A
  O   I   C O M B   T
F L I T   A   U   Y
  D   Y   L A D D E R
```

204

```
P A R E N T H E S I S
  N   V   O     O   E
O T T O   L I Q U O R
  E   L   L   L   U
K N A V E   A S S A M
  N   E       T   B
W A I S T   A U G U R
H   M   A   B   S
O R P H A N   B A I L
S   E   K   L   V
E N L I G H T E N E D
```

Solutions

205

```
S . H F . C A . A .
P I E C E . H O P E D
U . A . E . A . E . A
D I V I D E S . D I P
. . . . E . . . P . T
C E D E D . S L O W S
I . . . E . . . P . .
R H D . S C R I P T S
C . O . E . O . O . P
L O V E R . P A S T E
E . E . T . E . E . D
```

206

```
C O O R D I N A T E .
I . . A . O . A . . .
T O O L S . D I R T Y
E . M H . E . A . A .
D R I V E N . S N O W
. . S . D . S . T . .
V A S E . C A S U A L
I . I . L . L . L . U
C L O S E . A L A R M
. . N . G . M . . . P
. A S S O C I A T E S
```

207

```
. A C U T A B O V E .
O . O . R . U . A . .
V E R S E . R E C A P
E . N . K . N . . . A
R A I D . S U N S E T
S . S . H . P . L . I
E C H O E D . V I N E
A . . . A . C . C . N
S O B E R . E X I S T
. . U . T . L . N . S
. A N T H O L O G Y .
```

208

```
. S H A K E D O W N .
I . U . I . U . A . B
N O D E S . S P R A Y
T . . . S . T . T . Z
E V E N E D . P I T A
R . X . D . A . M . N
R A T S . F R E E S T
U . R . S . A . . . I
P A E A N . B A C O N
T . M . O . I . A . E
. H E R B I C I D E .
```

209

```
A C U P U N C T U R E
. O . R . A . M . . E
J U D O . B A R B E R
. R . T . S . E . . I
W A K E S . M E R G E
. G . S . . M . . O .
D E I T Y . A B O R T
R . D . F . A . . I .
E D I B L E . R E L Y
A . O . N . G . . L .
D I M E N S I O N A L
```

210

```
W . M . V . R . B . M
A B U S E . E L O P E
D . T . R . S . I . N
S T U M B L E . L A D
. . A . . . N . . . E
A B L E R . T A P E D
D . . A . . . A . . .
V O W . R E N D E R S
I . A . I . A . L . O
S A T A N . G O L E M
E . T . G . S . A . E
```

Solutions

211

P	E	N	C	I	L	C	A	S	E	
U			D		O		P			
T	A	B	L	E		S	H	E	E	P
T		E		A		H		C		U
S	T	A	B	L	E		W	I	N	G
		R		S		P		F		
H	U	F	F		F	A	C	I	N	G
I		R		D		N		E		U
M	O	U	S	E		I	N	D	I	E
		I		M		N				S
	A	T	R	O	C	I	T	I	E	S

212

	K		C			M				
	B	I	O	L	O	G	I	C	A	L
J	U	T		E		R			I	
	R		H	A	P	P	E	N	E	D
	R		R		O			N		
	I	N	T	E	G	R	A	T	E	
	T		S		T			M		
P	O	I	N	T	E	R	S		I	
I		U			A		H	E	Y	
G	U	I	D	E	L	I	N	E	S	
			E		T		M			

213

B	I	G	T	O	P		F		F	
A		A		A		L	O	O	K	
D		B	E	S	T		O		R	
G				R		O		O		M
E	Q	U	I	L	I	B	R	I	U	M
U		A				A		L		
N	O	W	H	E	R	E	N	E	A	R
	T		E		C				E	
	I		D		H	E	A	R		F
S	N	U	G		A			O		E
	G		E		L	E	A	D	E	R

214

	C	L	O	S	E	D	O	W	N	
D		E		E		E		I		
I	N	T	O	W		T	E	N	T	H
S		T		N		A				A
T	H	E	M		T	I	M	B	E	R
R		R		W		L		A		D
A	B	S	E	I	L		F	R	E	D
C				L		T		B		I
T	O	W	E	L		W	R	A	P	S
		I		D		I		R		K
	A	T	T	O	R	N	E	Y	S	

215

I	D	E	O	L	O	G	I	C	A	L
	I		B		I		O		O	
F	O	I	L		L	E	A	N	E	D
	R		I		S		G		G	
M	A	R	G	E		T	H	O	S	E
	M		E		A		A			
P	A	R	S	E		O	N	E	N	D
A		E		D		D		G		
C	A	R	E	E	R		S	I	R	E
K		U		A		O		I		
S	E	N	T	I	M	E	N	T	A	L

216

F	I	S	H	E	D		A	N	E	W
E		A		E		A		F		P
T	A	U	R	U	S		F	A	I	L
C		N		C		E		E		S
H	E	A	D	E	R		C	U	T	E
Y		I		I		T		T		L
W	E	D	S		P	A	S	S	E	S
	B		E		T		P		E	
R	A	D	A		I	N	S	I	D	E
	L		S		O		O		T	
F	L	U	E		N	O	V	E	L	S

Solutions

217

T		I	G		S	F		C
H	O	N	O	R		E	D	I	F	Y
I		T		I		L		R		M
S	W	A	M	P	E	D		M	O	B
	C			O		O				A
A	C	T	E	D		M	U	R	A	L
U		A						E		
G	A	G		S	O	L	O	M	O	N
U		E	H		A		A			I
S	H	A	D	E		B	O	R	O	N
T		R		S		S		K		E

218

F	I	N	A	N	C	I	A	L	L	Y
L		E		O		C		I		
O	V	E	R	D	O		C	O	N	E
A		D			T		U		K	
T	R	Y	S	T		A	S	S	A	Y
	E		C			E		G		
S	P	R	I	G		O	D	D	E	R
	L		E		M		R		E	
S	I	G	N		A	R	M	A	D	A
	C		C		N		F		C	
S	A	F	E	T	Y	M	A	T	C	H

219

	M		F			L	I	V	E	R
J	A	M	A	I	C	A		A		U
	R		S			N	A	M	E	D
W	R	I	T	E		D		P		D
	O		E		M	E	P			
T	W	I	S	T		D	E	T	E	R
			T	O	P		N		L	
D		P		W		S	N	I	D	E
R	O	U	T	E			I		E	
U		R		R	E	V	E	R	S	E
B	O	R	E	S			S		T	

220

P	H	O	T	O	G	R	A	P	H	
L		B		I		H				
A	D	D	L	E		B	L	E	S	S
N		E		Y		S		N		I
S	I	E	V	E	S		H	O	A	X
	P		D		G		M			
B	U	S	H		M	O	D	E	S	T
I		P		P		T		N		I
D	R	A	P	E		C	L	A	N	G
	C		A		H					H
B	E	A	R	M	A	R	K	E	T	

221

C	O	O	P	E	R	A	T	I	O	N
	P		R		O		N			E
V	E	T	O		L	I	T	T	L	E
	N		V		L		E			D
L	I	P	I	D		C	A	R	B	S
	N		D		P			P		U
O	G	L	E	D		G	R	U	F	F
U		O		S		I		F		
T	H	O	U	G	H		C	Y	A	N
E		M		I		O		L		
R	E	S	I	G	N	A	T	I	O	N

222

D		M		D		S		M		S
A	W	A	K	E		E	V	E	N	T
R		P		E		A		O		O
E	X	P	E	R	T	S		W	O	N
		E						O		E
F	E	D	U	P		N	E	R	D	S
U			E					A		
T	A	P		B	E	L	O	V	E	D
U		I		B		I		I		U
R	E	N	A	L		M	I	N	E	D
E		T		E		E		G		E

Solutions

223

S	O	M	A	L	I		S		U	
A		O		N		C	O	P	S	
L		W	E	N	T		A		S	
V				E		R		I		
O	F	F	H	A	N	D	E	D	L	Y
	E			T				O		
C	A	M	P	A	I	G	N	I	N	G
	T		R		O				U	
U		A		N	E	C	K		A	
T	R	A	Y		A			I		R
E		S		L	O	A	D	E	D	

224

	P		K			S	H	O	O	K
N	O	S	I	E	S	T		V		I
	L		N		A	B	E	T	S	
W	I	N	G	S		R		N		S
	S		D		B	E	T			
T	H	R	O	W		S	W	A	M	P
		M	A	X		I		A		
S		K		T		S	T	R	I	P
K	N	I	F	E			T		L	
I		L		R	E	N	E	W	E	D
T	U	N	I	S			R		D	

225

S	H	A	N	T	Y	T	O	W	N	
I			O		A		H			
D	U	C	K	S		U	N	I	F	Y
E		R		S		T		R		E
D	R	I	V	E	R		F	L	O	W
		T		D		M		W		
W	A	I	F		F	I	N	I	S	H
E		C		M		K		N		A
D	A	I	S	Y		A	D	D	O	N
		Z		T		D				D
	T	E	C	H	N	O	L	O	G	Y

226

	D	R	E	S	S	D	O	W	N	
M		O		T		A		A		T
A	N	G	E	R		B	O	R	N	E
R		E		S		L		L		M
M	I	S	U	S	E		C	O	O	P
A		U		S		C		C		O
L	I	S	P		H	A	C	K	E	R
A		A		M		N		N		A
D	U	N	C	E		N	I	C	E	R
E		N		A		O		I		Y
	M	A	G	N	I	T	U	D	E	

227

C	O	N	T	R	O	L	L	E	R	S
H		O		A		E			E	
A	S	S	I	S	T		T	O	L	D
I		E		S		D		I		
R	A	D	I	O		V	O	T	E	S
M		M		M		W		V		
H	E	L	P	S		I	N	D	E	X
	R		A		W		R		E	
P	I	P	S		A	C	T	I	O	N
	C		S		S		P		O	
S	A	L	E	S	P	E	R	S	O	N

228

R	E	Q	U	I	R	E	M	E	N	T
	C		P		U		D		A	
C	L	A	D		T	R	A	G	I	C
	I		A		S		E		K	
S	P	I	T	S		H	A	S	T	Y
	S		E		Q		E			
R	E	A	D	Y		R	U	I	N	S
I		D		B		A		S		
S	T	O	O	G	E		T	A	I	L
H		P		E		I		O		
I	N	T	E	R	F	A	C	I	N	G

Solutions

229

A S T R O N O M E R
P U A A A
L A R G E R R E P S
N Y R
W I T C H F I N A L
S A E G
C H A T S A D D E R
C F L
S H A H A R G U E D
A O R A S
M I N I M A L I S T

230

C U M B E R S O M E
R N A A
A B B O T K I C K S
M I A E H A
P R O F I T J I N X
L L T N
P O O L U R G E N T
O G S I R U
P H I A L B U Y E R
S I E N
S T A T I S T I C S

231

G A M E S F I G H T
O O O A E E
S I M P L E R N I X
S A C E T
I M P E R F E C T
P E I A
D I S T R I C T S
T A U A I
W A N I N V O K E D
I T T E I E
T A S K S D U M P S

232

O U T S T A N D I N G
D A P E O
I N C O M E L A M E
U K X I I
M E S S Y B L A N K
N Y A A
S H A M E C H I L D
A P V N O
G N A T A N N U A L
C O I I L
P E R M A N E N T L Y

233

B E H A L F S S
O A O H E A P
X G U R U U T
E N N A
R E I N S T A T I N G
R A I
C O I N C I D E N C E
S O N D
I U P R O W I
T O R N E A T
N S N U R S E S

234

D B F W P U
R U R A L H I R E S
A O O E E A
T R A G E D Y D O G
D I E
A R M E D F O R C E S
F I T
F U N P I T F A L L
E D I U B O
C L E R K B U L B S
T D E A E S

Solutions

235

236

237

238

239

240

Solutions

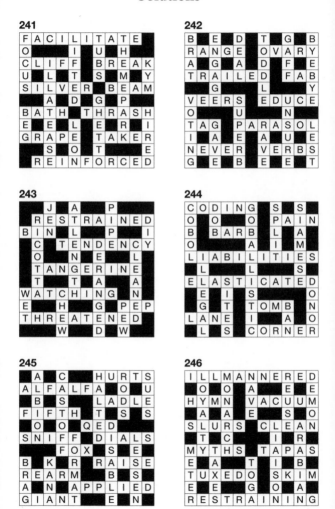

241

F	A	C	I	L	I	T	A	T	E	
O			I		U		H			
C	L	I	F	F		B	R	E	A	K
U		L		T		S		M		Y
S	I	L	V	E	R		B	E	A	M
		A		D		G		P		
B	A	T	H		T	H	R	A	S	H
E		E		L		E		R		I
G	R	A	P	E		T	A	K	E	R
		S		O		T				E
	R	E	I	N	F	O	R	C	E	D

242

B		E		D		T		G		B
R	A	N	G	E		O	V	A	R	Y
A		G		A		D		F		E
T	R	A	I	L	E	D		F	A	B
		G		L		L		Y		
V	E	E	R	S		E	D	U	C	E
O				U				N		
T	A	G		P	A	R	A	S	O	L
I		A		E		A		U		E
N	E	V	E	R		V	E	R	B	S
G		E		B		E		E		T

243

		J		A				P		
	R	E	S	T	R	A	I	N	E	D
B	I	N		L		P		I		
	C		T	E	N	D	E	N	C	Y
	O		N		E			L		
	T	A	N	G	E	R	I	N	E	
	T		T		A			A		
W	A	T	C	H	I	N	G		N	
E		H		G		P	E	P		
T	H	R	E	A	T	E	N	E	D	
		W		D		W				

244

C	O	D	I	N	G		S		S	
O		O		O		P	A	I	N	
B		B	A	R	B		L		A	
O				A		L	I		M	
L	I	A	B	I	L	I	T	I	E	S
L		L		L		S			S	
E	L	A	S	T	I	C	A	T	E	D
E		I		S						O
G		T		T	O	M	B		N	
L	A	N	E		I		A		O	
L		S		C	O	R	N	E	R	

245

	A		C		H	U	R	T	S	
A	L	F	A	L	F	A		O		U
	B		S			L	A	D	L	E
F	I	F	T	H		T		S		S
O		O		Q	E	D				
S	N	I	F	F		D	I	A	L	S
		F	O	X		S		E		
B		K		R		R	A	I	S	E
R	E	A	R	M		B		S		
A		N		A	P	P	L	I	E	D
G	I	A	N	T			E		N	

246

I	L	L	M	A	N	N	E	R	E	D
	O		O		A			E		E
H	Y	M	N		V	A	C	U	U	M
	A		A		E			S		O
S	L	U	R	S		C	L	E	A	N
	T		C			I		R		
M	Y	T	H	S		T	A	P	A	S
E		A		T		I		I		B
T	U	X	E	D	O		S	K	I	M
E		E		G		O		O		A
R	E	S	T	R	A	I	N	I	N	G

Solutions

247

```
P U B L I C   L I V E
O   U     O   A   O
S T R E A M   S O L E
E   N   P   A   T
D I S M A L   G N A W
N   O   I   N   G
E C H T   C H A S E D
L   H   A   W   R
L U K E   T A K E T O
D   R   E   P   V
T E N S   S E T T L E
```

248

```
F A R A N D W I D E
E     E   I   O
W A D E R   D E L A Y
E   E   V   E   C   U
R A C K E T   T E A M
  L   S   D   V
R O A N   F R Y I N G
U   R   L   E   T   R
M O I R E   A W A R E
  N   E   D   B
A G G R E S S I V E
```

249

```
  B   B     P
  G O T O G R O U N D
V E X   A   E   A
  N   A S S E M B L Y
E   T   S   U
R A D I A T I O N
A   N   O   A
P L U G G I N G   T
H   E   I   R I M
D I P L O M A T I C
  S   N   P
```

250

```
  B L O T   T O C K
O   I   H O W   A   A
V A G U E   E A R E D
E   H   N   L   O   V
R U T H   E V O L V E
L   S   E   E   R
O F F I C E   S A C S
A   U   R   C   U   E
D E L T A   A P R I L
S   L   P O T   A   Y
G Y P S   S I L K
```

251

```
G R A N D F A T H E R
  E   O   A   A   A
S L A T   D I E S E L
  E   I   E   T   L
W A T C H   Q U E R Y
  S   E   N   E
F E A S T   D I T T Y
L   B     B   C   R
U T O P I A   O G E E
T   U     L   R   A
E X T E R M I N A T E
```

252

```
G I V E A N D T A K E
R   I   U   O   R
E X C E P T   D A Y S
E   A   S   D   P
N O R T H   P L O T S
U   O     E   O
S T A C K   B R A N D
R   C   M   L   O
J A V A   E S K I M O
  G   T   A   E   M
D E P A R T M E N T S
```

Solutions

253

```
S T E W A R D S H I P
  E   A   I     A   E
L E A R N S   H U L A
  N   S   E     N   C
H A S H     S E E T H E
  G   I     M   A
P E P P E R   B O R E
A   U   I   A   P
L I P S   F U S I O N
M   I   L   S   O
S E L F D E N Y I N G
```

254

```
G   G   J   R   D     W
L O U S E   A B A S H
U   I   E   N   M     I
E N T E R E D   P A T
  A       O         E
W O R S E   M U C K S
I       J       R
Z A P   E X C E E D S
A   H   C   O   A     A
R E A C T   G E T U P
D   T   S   S   E     S
```

255

```
I N Y O U R F A C E
O     P   O     O
T R A C K   W O U L D
A   L   E   L   G   A
S O L V E D   W H E N
  O   P   S   D
B O W L   C H E R U B
O   A   D   E   O   L
B I B L E   R E P R O
  L   E   P         W
  T E M P T A T I O N
```

256

```
I N F E C T S   A L I
N   A   O   O   D   M
T A R   W O R S H I P
H   S   B   E   O   R
E D I T O R   A C N E
S       Y   E       S
A T T N   W R I T E S
D   Y   G   S   I   I
D I P L O M A   M O O
L   E   S   T   E   N
E O S   H A Z A R D S
```

257

```
C I T R I C   B   A
O   U   O   L O V E
  B O O R   I   O
N       P   N   C
T H E O L O G I C A L
O       O       D
C O N T R A C T I O N
K   I   T       E
I   N   I N O N   A
S N A G   O       R
  G   E   N I G H T S
```

258

```
  S         T O N G
W I N D O W   B     R
E   O   H A H A   A
B L O G   I     W I T
B   P R O M O T E   U
R   I       E     I
O   A D H E R E D   T
W A N   V   S O L O
S   Y U L E       I U
E   F   R O U N D S
R E D O         G
```

Solutions

259

```
T E M   P L   R
A N N O Y   A L I V E
L   J   T   R   R   M
C L O T H E S   A H A
  Y       E       R
B A S E S   S P E A K
Y       P       X
P A N   I N S E C T S
A   O   R   E   I   A
S U S H I   N A T T Y
S   E   T   T   E   S
```

260

```
  S L I M   A D S L
P   O   O I L   W   R
E L B O W   B R A K E
N   B   N   U   Y   A
T O Y S   A M U S E D
E     I   S       I
C L A I M S   S C A N
O   B   B   I   O   E
S T Y L I   D R U M S
T   S   B E E   C   S
  I S L E   S O H O
```

261

```
B U R M A     T A L K
U   E   V I E W   I
S O R T E D   I L L
S   U     L   R   A
T I N   R E F L E C T
O     S   E       O
P A S S A G E   C I A
  P   C   O   L   S
  P R O   O P T O U T
  L   U L N A   C   E
C Y S T     P I K E R
```

262

```
E M B A R R A S S E D
  I   S   E   T   T
E S T A T E   R O A M
  H     D     I
S E E M S   S N E E R
  A   O     G   M
F R A U D   I S L E S
    N   I     R
S T A T   S Y N T A X
  I   E   B   I   L
L E A D I N G L A D Y
```

263

```
C O M P A R A T I V E
O   U   O   A   I
B U R E A U   D I R E
  A   N A P   U
H E L P E D   O U S T
X   R   L   E
A P S E   P L E A S E
E   V C R   S
A N N A   I C I C L E
S   I   O   I   O
D E C L A R A T I O N
```

264

```
P C S   R A F F I S H
E   C   A U   N   E
R O A S T   C H A F F
C   N     H     T
H I D E O U S   R A Y
  A   U   I   A
L O L   T O A D I E S
O     W     S   I
G I Z M O   A X I A L
I   O   R   I   N   L
C L E A N E R   G U Y
```

Solutions

265

I		G		T		S		C		L
T	O	U	C	H		I	R	O	N	Y
C		I		A		N		R		R
H	O	L	D	I	N	G		D	P	I
		D		E				E		C
M	O	S	E	S		R	O	U	T	S
I				I				P		
M	A	P		D	E	P	O	S	I	T
O		E		I		A		E		I
S	P	A	W	N		V	I	T	A	L
A		S		G		E		S		E

266

C	L	A	S	S			D	E	F	Y
O		D		T	H	O	U		I	
C	R	U	I	S	E		O	C	R	
H		L		R		M		E		
L	I	T		R	E	C	O	R	D	S
E			A		H				U	
A	D	V	A	N	C	E		H	U	B
	E		D		A		A		S	
	V	I	A		P	A	N	I	N	I
	I		P	E	E	L		K		D
S	L	O	T			E	L	U	D	E

267

	B	L	A	C	K	B	I	R	D	
A		E		U		A		U		
W	A	T	E	R		C	R	E	E	D
A		T		T		K				A
R	O	I	L		D	U	L	C	E	T
D		N		I		P		O		A
I	N	G	E	S	T		D	U	M	B
N				O		T		P		A
G	L	E	A	M		O	G	L	E	S
		M		E		F		E		E
	S	U	R	R	O	U	N	D	S	

268

		F					P	O	N	D
V	O	I	C	E	S		I			A
O		E			H	U	N	G		N
C	A	L	F		O			A	R	C
A		D	O	C	T	O	R	S		E
B		R			R		A			M
U		S	K	Y	W	A	R	D		U
L	E	A		A			E	W	E	S
A		W	I	L	D		E			I
R		R		I	T	A	L	I	C	
Y	O	K	E					L		

269

P	R	O	S	E	C	U	T	I	O	N
I		M		H		R		U		
T	R	I	V	I	A		O	A	T	H
		T		I	O	U		L		
A	S	S	I	G	N		B	O	O	S
U		N			L		O			
A	C	E	D		C	H	E	C	K	S
C		O	N	O			O			
Z	U	L	U		Y	E	A	R	L	Y
	M		B		P		G		I	
O	B	S	T	R	U	C	T	I	O	N

270

I		C		M		G		Z		I
S	H	O	N	E		R	A	I	L	S
I		M		S		O		N		S
S	O	M	E	H	O	W		C	P	U
		O				T				E
Z	O	N	E	S		H	E	A	R	S
Y			I				W			
G	I	G		G	A	R	L	A	N	D
O		E		N		U		I		I
T	H	R	E	E		B	I	T	E	S
E		M		D		Y		S		K

Solutions

271

S	A	L	A	M	I		A		T
P		U			D	I	A	L	
O		C	R	O	C		M		N
R			O			I		G	
T	E	M	P	E	R	A	T	U	R	E
	C		P				A		
P	L	A	C	E	O	F	A	R	M	S
	I		R		R			W	
	P		A		A	D	A	M		O
U	S	E	S		T			A		R
	E		H		E	X	I	T	E	D

272

S		S		T	O	R	C
M	A	M	B	O			H	U	R	T
O		E		P	U	P	A			E
O	W	L			A		P	A	I	L
T		L		Z	E	U	S		V
H	A	Y		E		P		G	Y	M
	G		S	E	E	S		R		A
Z	E	T	A		R			O	U	R
I			F	L	A	W		U		T
G	A	T	E			H	A	P	P	Y
		S	W	A	Y		S		R

273

A	P	O	S	T	R	O	P	H	E
M			R		R		O
P	O	P	P	Y		B	L	I	M	P
L		R		O		S		P		A
E	Y	E	F	U	L		G	O	R	Y
	S		T		I		L
O	D	E	S		S	M	I	L	E	S
F		R		T		P		O		Q
F	I	V	E	R		A	D	I	E	U
	E		U		C			I
	A	D	V	E	R	T	I	S	E	D

274

U		E		E		A		C		S
F	I	X	E	D		S	T	U	C	K
O		P		G		K		R		I
S	M	O	K	E	R	S		T	E	N
	N					A		N
E	V	E	N	T	U	A	L	I	T	Y
X		N						N
C	D	T		S	O	U	R	C	E	S
U		I		A		P		A		O
S	W	A	P	S		T	I	L	L	S
E		L		S		O		L		O

275

M	E	S	S		C	H	E	W	E	D
E		C		F		U		H		E
A	T	H	E	I	S	T		I	C	E
L		M		L			L		P
	P	O	R	T	U	G	U	E	S	E
O			H		A			R
F	A	N	C	Y	D	R	E	S	S
F		E		D		O		D
S	E	W		I	D	E	A	L	L	Y
E		L		N		N		I		E
T	R	Y	I	N	G		A	D	D	S

276

D	U	R	I	N	G		A		S
O		U			E		W	H	A	T
R		B	E	E	T		F		V
I			T			U		A
C	O	N	T	R	O	L	L	I	N	G
	N			G			N
N	E	A	N	D	E	R	T	H	A	L
	S		E		T				E
E		E		H	A	L	F		M
B	L	E	D		E			L		O
	F		S		R	E	T	U	R	N

Solutions

277

```
R E C T I F I E S ■
U ■ I ■ R ■ B ■ P ■ F
L O T T O ■ I D E A L
E ■ I ■ N E D ■ N ■ A
D M Z ■ I ■ ■ D U B ■
■ ■ E N C H A N T ■ ■
J O N ■ ■ N ■ H E W ■
A ■ S ■ D O T ■ R ■ I
Y A H O O ■ H A I R S
S ■ I ■ E ■ E ■ F ■ E
■ P A R A M E T E R ■
```

278

```
M A R ■ R E S U L T S
O ■ E ■ U ■ T ■ E ■ C
N Y L O N ■ A L I B I
T ■ A ■ U ■ ■ ■ O ■ ■
H E X A G O N ■ D A N
■ ■ E ■ U ■ C ■ E ■ ■
C O S ■ M A H I C A N
H ■ ■ ■ S ■ ■ ■ I ■ A
A W A S H ■ F U M E S
L ■ N ■ O ■ P ■ A ■ T
K I D N E Y S ■ L A Y
```

279

```
■ J P E G ■ P U L L S
I ■ E ■ I ■ R ■ ■ I ■
N O R ■ S M A L L ■ N
C ■ I ■ U ■ ■ ■ G ■ ■
A D O L E S C E N T S
■ D ■ E ■ O ■ ■ ■ ■ ■
I N S T R U C T I O N
R ■ ■ ■ M ■ S ■ A ■ ■
K ■ C E A S E ■ I S P
E ■ B ■ V ■ E ■ E ■ ■
D U M B O ■ E A R L ■
```

280

```
■ T O G A ■ E R S T ■
B ■ F ■ R E X ■ A ■ E
R E F I T ■ A L L E Y
I ■ E ■ Y ■ L ■ A ■ E
G I R D ■ S T U D I O
H ■ A ■ S ■ ■ ■ P ■ ■
T R E N D Y ■ A B L E
E ■ M ■ J ■ E ■ U ■ N
S N A F U ■ M A Y B E
T ■ I ■ S K I ■ U ■ R
■ G L U T ■ T A P S ■
```

281

```
D I S C O U R A G E D
■ R ■ O ■ R ■ N ■ O
G A L L ■ N O T A R Y
■ N ■ D ■ S ■ S ■ E
V I E W S ■ A S H E N
■ A ■ A ■ ■ ■ E ■ M
S N O R E ■ P R O B E
T ■ O ■ S ■ P ■ A
E N Z Y M E ■ E A R N
L ■ E ■ M ■ N ■ G
A S S O C I A T I O N
```

282

```
F ■ H ■ C U P ■ S ■
O U T D O ■ O L I V E
C ■ M ■ O ■ O ■ L
I L L U S T R A T E
■ E ■ T ■ U ■ R ■ E
■ A ■ T I T L E ■ R
■ S ■ E ■ T ■ N ■ I
■ T E R M I N A T E D
■ V ■ I ■ I ■ E ■ O
Q U E S T ■ C H A O S
■ S ■ E E K ■ S ■ E
```

Solutions

283

```
C E N S O R . S . C
U . U . . E H O O P
B . B L O C O . N .
I . . . O . U . C .
C O M M U N I T I E S
. N . . D . . R . .
D E F I N I T I O N S
. N . V . T . . . P
. E . O . I D E A . U
U S S R . O . . R . R
. S . Y . N A P K I N
```

284

```
. X M A S . F E L T .
S . A . H . I . A .
E L K . E U R A S I A
R . E . L . S . E . C
V E R I F Y . E R I C
A . K . . . V . U .
N O T E . S P A C E S
T . R . F . Y . O . I
S H A P I N G . L E N
. . S . L . M . O . G
. W H A M . Y A N G .
```

285

```
. B . D . . P O E T S
C A R I B O U . B . L
. T . A . . Z E B R A
S T A M P . Z . S . P
. E . O . A L T .
G R A N D . E A R N S
. . D E W . C . U .
Y . T . V . S K O A L
M A O R I . . L . N
C . D . S I L E N C E
A B O V E . . D . E
```

286

```
E N C O M P A S S E S
V . O . R . E . L .
I G N O R E . C U E D
T . G . Y . T . G .
A V O I D . C I V I L
. E . N . . O . A .
W R O T E . K N O C K
. D . E E . N . I .
S I N G . L I S T E N
. C . E M . A . D .
S T E R E O T Y P E S
```

287

```
. V . P . . B .
. R E P E A T E D L Y
T I X . R . T . . E
. S . I S O L A T E S
. O . O . I . . N
. N . T E E N A G E R S
. T . A . H . . U
M O B I L I T Y . R
A . R . . E . F E Y
D E M O L I S H E S
. . . N . . T . Z
```

288

```
C O M P U T A T I O N
. P . E . U . H . V
S P R A N G . R I A L
. O . . S . U .
A S I A N . A S S A M
. E . I . . . T . L
U S E R S . P S A L M
. . . L . O . . . E
A U T O . D O T A G E
. V . C . E . A . E
B A C K G R O U N D S
```

Solutions

289

B	U	Y	O	F	F			F		E	
I		E		O			R	U	M	P	
N		N	E	A	R		O		P		
D				M		N		L			
I	N	T	E	R	A	C	T	I	O	N	
	E		L			T		Y			
S	U	P	E	R	I	M	P	O	S	E	
	R		D		S					X	
	O		I		T	H	U	D		C	
K	N	O	T		I			O		E	
	S		S		C	A	N	C	E	L	

290

R	E	A	D	S		S	A	M	B	A	
E		S		C		H		U		F	
S	C	H	E	R	Z	O		S	P	A	
U			U		O		T		R		
M	E	G	A	B	Y	T	E	S			
E		R		O			E		A		
		I	N	C	U	M	B	E	N	T	
A		E		O		I			O		
V	I	V		M	A	X	I	M	U	M	
O		E		E		U		S		I	
W	A	D	E	S		P	A	N	I	C	

291

U	N	E	Q	U	A	L		T	I	A	
N		X		N		E		M		G	
S	A	P		R	A	N	T	I	N	G	
U		L		E		D		D		L	
P	R	O	V	E	S		E	R	G	O	
P		I		L		B		H		M	
O	N	T	O		F	I	G	U	R	E	
R			L		K		B		R		
T	E	R	M	I	N	I		A	V	A	
E		Y		M		N		R		T	
D	Y	E		A	M	I	A	B	L	E	

292

B	E	C	A	M	E		C	R	I	B	
L		H		E		B		S		E	
U	S	A		N	E	E	D	I	N	G	
E		T		U		R		A		A	
S	H	E	D	S		G	I	V	E	N	
		A						I			
S	Q	U	I	B		R	I	S	E	N	
C			U		E			I		E	
A	S	I	A	T	I	C		B	M	I	
L		L		S		A		L		G	
Y	A	K	S		S	P	E	E	C	H	

293

S	C	H	O	O	L	C	H	I	L	D	
	H		B		A		N			O	
M	O	W	S		T	A	T	T	O	O	
	R		E		E		R			R	
F	I	E	R	Y		S	T	O	P	S	
	Z		V		A		R				
P	O	K	E	S		A	B	B	O	T	
U		N		D		L		V			
N	O	O	D	L	E		E	V	I	L	
I		W		L		A		S			
C	O	N	T	R	I	B	U	T	O	R	

294

D	E	A	F	A	S	A	P	O	S	T	
E		U		I			S		H		
B	U	D	G	E	T		Y	U	A	N	
U		I			S		C		M		
G	O	O	F	Y		S	H	I	P	S	
	C		I			E		O			
M	A	I	L	S		A	D	I	O	S	
	R		B		C			N		T	
V	I	L	E		H	E	R	N	I	A	
	N		R		U			E		N	
B	A	D	T	E	M	P	E	R	E	D	

Solutions

295

```
E K C . M E . S . . .
W E I G H . I M P L Y
E . N . I . D . I . M
R E D U C E D . C O B
. L . . A . . O . . O
T O Y E D . Y O D E L
H . . E . . E . . I .
R O D . C R A W L E D
O . I . E . M . A . I
W A G O N . P A T H S
S . S . T . S . E . H
```

296

```
R E A R M . . S A C K
E . W . R U N E . O .
S T A S I S . R P M .
U . R . . E . V . E .
M U D . P R I E S T S
E . . I . D . . . O .
D R Y N E S S . N B C
. U . E . A . O . I .
S E A . F R I N G E .
. T . R H E A . E . T
G Y M S . . . W I T T Y
```

297

```
. A S T E R I S K S .
F . I . I . O . N . I
U N S E T . T H O R N
L . . H . A . B . S .
L O S S E S . T B S P
B . E . R . G . L . I
L I S T . L A W Y E R
O . S . I . R . . I .
W E I R D . R A D O N
N . O . O . E . U . G
. I N F L A T I O N .
```

298

```
E A R P I E R C I N G
. V . U . A . G . E .
P E A N U T . C L A N
. R . J . U . O . O .
G A Z A . P E L O T A
. G . B . . E . O .
H E L I U M . N O R M
O . Y . E . I . P .
T H I N . T H E S E S
E . N . A . N . D .
L E G I S L A T I O N
```

299

```
C I R C U L A T I N G
. M . H . O . N . L .
E P E E . D A C A P O
. E . A . E . N . B .
R A S P Y . O B E S E
. C . E . E . O . .
C H O R D . I N G O T
Y . N . O . G . N .
N A I L E D . A M E N
I . O . O . L . S .
C O N F O R M I S T S
```

300

```
W . . L O L L I P O P
H O B O . . . C . V .
I . . W H E N E V E R
P P S . I . . B . R .
. H . E S P R E S S O
A . M . H . R . T .
W R A P P I N G . E .
. I . O . . F . A P R
A S A W H O L E . . E
. E . E . . . G U N S
L E A R N I N G . . T
```

Solutions

301

| | S | K | I | M | | R | A | P | T | |
|T| |I| |A|D|O| |R| |S|
|R|I|N|G|S| |B|R|O|K|E|
|A| |G| |H| |B| |N| |P|
N	E	S	S		G	E	N	E	V	A
S			A	D				A		R
L	E	G	U	M	E		A	Q	U	A
A		Y		A		I		U		T
T	O	P	A	Z		F	R	A	M	E
E		S		O	A	F		C		D
	H	Y	M	N		Y	O	K	E	

302

| S | A | G | | P | A | I | N | F | U | L |
|T| |A| |O| |S| |E| |O|
A	I	R	E	D		R	A	D	A	R
R		B		A				A		D
E	X	A	M	P	L	E		T	V	S
		G		I		L		R		
A	C	E		N	A	I	L	I	N	G
L		C					V		L
P	I	T	C	H		A	N	I	M	A
H		E		E		N		A		Z
A	B	A	N	D	O	N		L	E	E

303

| C | A | R | E | F | U | L | | B | O | P |
|O| |A| |E| |I| |I| |R|
|N|A|B| |A|L|L|E|G|R|O|
|T| |B| |R| |Y| |O| |P|
R	A	I	S	E	D		O	T	T	O
O			D		R		R			R
V	A	R	Y		O	U	T	S	E	T
E		I		L		L		H		I
R	A	V	I	O	L	I		E	G	O
S		E		A		N		E		N
Y	E	T		F	I	G	U	R	E	S

304

| I | N | S | E | N | S | I | T | I | V | E |
|M| |T| |I| |E| |I| |I|
P	R	E	F	I	X		A	L	S	O
		R			T	L	C		I	
G	E	N	T	L	Y		H	A	T	S
	X		W			E		E	O	
G	O	B	I		B	I	S	T	R	O
	T		S	E	E		U			
F	I	A	T		G	I	F	T	E	D
C		E		I		O		I	
G	A	R	D	E	N	P	A	R	T	Y

305

| P | O | T | P | O | U | R | R | I | | |
|O| |R| |T| |I| |M| |I|
|S|T|A|S|H| |F|A|M|E|D|
|T| |N| |E|N|T| |E| |L|
S	O	S		R			D	A	Y
		F	U	S	I	L	L	I		
S	U	E			E		A	I	L
O		R		R	E	V		T		I
B	U	R	R	O		E	L	E	C	T
S		A		O		L		L		H
	L	I	F	E	S	T	Y	L	E	

306

	G	Y	M		P	A	S	S	E	D
	O		A		G		P			I
S	A	R	I		H	O	R	R	O	R
Y			L		A		I			T
N	U	M	B	E	R	I	N	G		Y
T		O		M		E		L		
H		E	X	O	F	F	I	C	I	O
E		G		U		T			O	
S	E	R	I	A	L		H	U	L	K
I		E		T		E		U	
S	E	T	T	E	R		R	A	G	

Solutions

307

G R A D A T I O N A L
I · A · U · · A · U
S C U M · F I L M I C
· O · P · T · · E · K
S T E E D · D U S T Y
· T · S · · P · R ·
W A N T S · O T H E R
A · A · A · I · M
D R I V E L · G O O D
E · L · A · H · L
D I S P O S I T I O N

308

· A R C H E T Y P E ·
U · O · A · A · R · I
N I C E R · G R O O M
H · · D · S · G · A
E A G L E S · C R A G
A · A · N · G · A
L E G S · S A L M O N
T · A · Y · R · I
H O R S E · B A S I N
Y · I · T · L · I · G
· E N G I N E E R S ·

309

F A I T H · · Q U A D
O · N · U R D U · F
R E E C H O · O C T
E · P · T · T · E
S E T · B I Z A R R E
A · O · E · · · X
W R I T T E N · S G T
· E · E · C · E · E
· P U N · H A P P E N
· L · D O O R · I · D
D Y E S · · M E A L S

310

T A N · C O M F O R T
H · E · O · A · W · H
R I G I D · J I N N I
O · L · · O · · · N
W H E T H E R · C O G
· C · U · C · A
E A T · R E A C T E D
T · T · · C · I
H I N D I · A S H E S
I · B · N · D · U · K
C H A N G E D · P J S

311

· E N J O Y A B L E ·
A · O · D · S · E
S A V E D · S W O R N
C · I · S · U · A
E T C H · E M B A L M
N · E · O · E · P · E
D E S I R E · O P A L
E · I · B · O · E
D A N C E · A R I E S
· C · N · W · N · S
· M O R T A L I T Y ·

312

E S O T E R I C I S M
· U · U · A · U · A
O F F E R S · S O D A
· F · · H · · T
W I N G S · G O O E Y
· C · R · M · X
R E P A Y · P S Y C H
· · · M · E · · I
S C A M · M I N U T E
· O · A · U · G · E
C O R R E S P O N D S

Solutions

313

I	N	D	E	P	T	H		J	I	M
M		E		U		U		O		A
P	A	N		M	A	E	S	T	R	I
R		Y		I		S				N
A	P	I	E	C	E		O	M	I	T
C		N		E		B		O		E
T	O	G	S		B	A	R	R	E	N
I				S		M		O		A
C	O	U	L	O	M	B		C	O	N
A		R		U		O		C		C
L	A	N		P	R	O	V	O	K	E

314

C	R	A	W	L		V	I	S	I	T
A		C		Y		I		A		A
L	I	T	E	R	A	L		M	O	N
L				I		L		U		G
E	A	S	Y	C	H	A	I	R		
D		H		O		R		A		A
		O	B	S	E	R	V	I	N	G
G		C		A		O				R
O	A	K		L	E	C	T	U	R	E
T		E		E		K		T		E
H	I	D	E	S		S	E	C	T	S

315

B	A	S	K		D	A	N	C	E	S
O		H		L		B		H		H
U	N	I	F	I	E	S		O	D	E
T		N		N				S		E
	R	E	S	E	N	T	M	E	N	T
T				A		A				
W	A	T	E	R	T	I	G	H	T	
I		B		L		U		E		
N	E	O		A	D	O	P	T	E	D
G		N		P		R		C		E
E	L	E	C	T	S		S	H	U	N

316

C	O	N	T	E	N	T	I	O	U	S
	R		I		O			M		M
H	E	R	M	E	S		F	E	T	A
	G		P		E			G		R
M	A	M	A			D	I	S	A	R	M
N		N				T		E		
L	O	V	I	N	G		A	N	T	E
I		E		R		G		R		
V	A	N	E		A	F	G	H	A	N
E		O			S		E		C	
D	E	M	O	N	S	T	R	A	T	E

317

C		A		U		A		P		L
H	Y	P	E	R		C	A	R	R	Y
E		P		G		T		E		R
F	O	R	C	E	P	S		F	B	I
		O				E		C		
R	E	P	E	R	T	O	I	R	E	S
E		R						E		
C	S	I		T	R	A	I	N	E	D
I		A		O		L		C		U
P	U	T	T	Y		T	W	E	E	D
E		E		S		O		S		E

318

C	A	M	E	R	A		A		O	
I		E		S		B	E	A	K	
R		P	I	G	S		L		T	
C				A		E		M		
A	D	V	E	R	S	A	R	I	E	S
A			S			A			A	
D	Y	N	A	M	I	C	A	L	L	Y
	T		G		N					I
	I		I		A	X	I	S		E
O	M	E	N		T			H		L
	E		G		E	X	T	E	N	D

Solutions

319

```
I N A N U T S H E L L
O   D     E   O   A
N E U R A L   N I T S
  L     E W E   V
M A T R I X   S U I T
  R   E     T   A
S T E W   T R Y I N G
  D   A K A   D
D E A R   K I L L E D
  C   D   E   E   J
C O N S E N S U S E S
```

320

```
  P   I   M
  B L A N K V E R S E
F R Y   D   N   R
  A   C I R C U L A R
V   R   U   U
A S S E M B L E D
D   C   E   I
M O N S T E R S   B
B   A   O   S L Y
A P O S T R O P H E
  H   T   Y
```

321

```
L O U S E     F O I L
O   S   Y O G I   O
B E A T E N   R O N
E   G     C   S   I
L I E   R E S T O C K
I     O   O     I
A C A D E M Y   L O T
  A   R   A   E   C
M A I   S K E T C H
E   V O T E   G   E
G L U E     G R O A N
```

322

```
Y U C K   C H A R M S
O   E   S   E   I   L
D O L P H I N   C G I
A   L   A     C   D
  L O W P R O F I L E
I   E   R     S   S
S O U N D T R A C K
L   N     E   R   A
A I D   C A R E E R S
N   I   F   Y   A   H
D E D U C E   E M M Y
```

323

```
F R U S T R A T I N G
  I   I   U   E   I
S P A C E D   A N T I
  P     E   R
R I N S E   H I N T S
N   C     N   R
A G L O W   A G R E E
    R   T     A
C H O P   H A B I T S
  A   I   U   O   E
S T R O N G H O L D S
```

324

```
A B S O R B S   M O A
P   C   O   E   E   C
P A R   D R A S T I C
A   I   E   S   R   E
R E P E N T   W O O L
A   T   A     E
T A B S   S L O W E R
U   O   D   I   I   A
S T A T I N G   D O T
E   R   V   N   E   E
S I D   A S S U R E D
```

Solutions

325

C	U	C	K	O	O		R	E	E	F
L		O		P		E		S		
A	S	L	E	E	P		V	I	C	E
I		O		O		I		A		
M	A	N	G	E	R		E	X	P	O
	B		L		T		W		E	
P	U	P	A		U	P	S	I	D	E
	S		R		N		R		N	
M	I	D	I		I	O	D	I	N	E
	N		N		S		S		M	
A	G	O	G		M	I	G	H	T	Y

326

A	R	I	S	E	S		G	A	S	P
P		M		A		C		C		R
A	P	P	A	R	E	L		C	U	E
C		E		S		O		O		D
K	I	T	E		S	T	Y	M	I	E
O		U		D		H		P		C
F	L	O	R	E	T		D	A	Z	E
L		U		C		E		N		S
I	N	S		R	E	T	A	I	N	S
E		L		Y		N		E		O
S	O	Y	A		H	A	R	D	E	R

327

	I	N	T	E	R	F	E	R	E	
S		E		L		O		E		A
U	N	T	I	E		A	I	D	E	D
B			V		L		D		V	
S	U	M	M	E	R		L	E	G	O
C		A		N		F		N		C
R	O	C	K		P	L	A	S	M	A
I		H		O		I				T
B	R	I	C	K		G	L	O	V	E
E		N		R		H		R		D
	S	E	M	A	N	T	I	C	S	